It's me
창업 시리즈 1

ChatGPT를 활용한

정부 창업과제
사업계획서 작성하기

이현상 저

내하출판사

시작하는 글

IMF 시대를 체험한 대학 시절에 창업을 하게 되었다. 처음에는 단순히 돈을 벌기 위한 수단이었지만, 시간이 지나면서 내 삶의 방향과 가치를 구현하는 행위로 창업의 개념이 바뀌게 되었다. '코로나-19' 펜데믹으로 회사가 폐업 위기까지 갔다가, 다시 사업을 회복하면서 이 생각은 더욱 굳어졌다. 이 후 급변하는 환경 속에서 창업을 한다면 어떻게 살아남을 수 있을 지에 대한 방법을 깊게 고민하게 되었다.

창업이란, 본인의 삶의 가치를 이루기 위한 본인만의 경제적인 활동을 의미한다. '100세 시대'에 우리는 전통적인 '학교 - 직장 - 은퇴 - 여생'의 패턴에서 벗어나, 최근에는 은퇴 후에도 경제활동을 지속하는 이들이 늘어나고 있다. '인공지능 및 디지털 노마드 시대'가 도래하면서, 고급 기술과 원격 근무의 확산 덕분에 특정 장소나 사무실에 구애받지 않아도 되는 환경이 조성된 것이다. 이러한 변화로 지구촌에서는 자유롭게 일과 삶의 균형을 찾는 사람들이 늘어나게 되었고, 급여만으로 만족하지 못하는 사람들이 다양한 업종과 직업을 병행하는 'N 잡러'가 주목받게 되었다.

본 서는 정부의 창업 지원과제 지원시 필수적인 과정인 사업계획서 작성에 대해 구체적으로 설명하고 있다. 창업 지원금은 신규 창업자에게 초기 자본금을 제공하지만 갚을 의무가 없는 자금이다. 이런 지원금은 정부가 창업 활성화를 통해 내수와 수출을 증진하고, 국가의 경쟁력을 높여 고용 증대를 확대하기 위함이다. 따라서 창업을 준비할 때 이 지원금은 유용한 자금이 될 수 있다.

또한, 신규 창업자들이 사업 아이템은 고민을 많이 하지만, 실제로 사업계획서를 작성하거나 비즈니스 전략을 세우는 것에는 역량이 부족하다. 따라서 본서는 필자가 5년간 13억의 정부 지원금 수령 경험을 바탕으로, 창업 지원과제 사업계획서의 작성 방법에 대해 전 과정을 체계적이고 순차적으로 안내한다.

특히, 예비창업패키지와 창업성공패키지를 중심으로 창업의 모든 단계를 설명하며, ChatGPT의 도움을 받아 효율적으로 문서를 작성할 수 있도록 구성하였다. 이를 통해 창업자가 단시간에 사업계획서를 작성하는 데 필요한 모든 지식과 기술을 얻을 수 있어 최적의 창업 사업계획서를 작성할 수 있다.

본 서에서 사용된 창업 아이템의 예시는 모바일 앱(개인화된 운동 및 식단 추천을 제공하는 모바일 앱 - 헬스트레커), 플랫폼 서비스(매월 다양한 화장품과 스킨케어 제품을 제공하는 뷰티박스), IoT 제품(원격으로 반려견의 먹이를 제공. 먹이 섭취량을 모니터링하는 펫피터), 기술 창업(농작물 헬스케어 모니터링 시스템 - GreenGuardian), 친환경 솔루션(재생에 에너지 최적화 스마트 그리드 EcoFlow - 친환경적이고 경제적인 전력 솔루션의 제공)의 다양한 기술과 형태를 활용한다.

2023년 12월
이현상

It's Me 창업 시리즈

나만의 삶의 가치 찾기

'It's Me 창업 시리즈'는 대학 시절부터 지금까지 총 14번의 다양한 창업 경험을 시도해 본 경험과 지식을 바탕으로 구성하였다. 소프트웨어, 하드웨어, IoT, 마케팅, 프로젝트 관리 등의 전문성을 바탕으로, 아이템 및 비즈니스 모델 구축, 기업가정신, 정부지원자금 받기, 창업 단계별 전략과 실행 방법 등 창업을 원하는 독자들에게 조금이라도 보탬이 되기를 바라는 마음으로 집필하게 되었다. 각 권은 서로 연결되어 있기도 하고, 독자의 상황에 따라 필요한 부분만 참고할 수 있도록 구성하였다.

❶ ChatGPT를 활용한 정부 창업과제 사업계획서 작성하기

정부 과제 지원금은 한정된 자원으로 지원을 하다보니 경쟁자가 많을수록 떨어질 확률이 높다. 하지만 경쟁력이 아닌 사업계획서를 제대로 작성하지 못해 떨어지는 경우도 빈번하다. 정부 과제는 주어진 포맷의 사업계획서를 작성해야 하는데, 사업계획서가 생소하여 창업 아이템과 비즈니스 모델을 제대로 표현하지 못하기 때문이다. 따라서 ChatGPT의 프롬프트를 함께 공유하면서 사업계획서를 제대로 작성할 수 있도록 안내한다.

❷ ChatGPT를 활용한 창업 아이템과 비즈니스 모델 구축하기

많은 창업자가 성공의 꿈을 안고 창업을 하지만, 창업기업의 생존율은 5년

후 30% 정도이다. 창업을 위해 꼭 준비해야 할 것은 '창업 아이템'과 '비즈니스 모델'인데 대부분 '번뜩이는 생각'을 창업 아이템으로 여기고, 비즈니스 모델을 고민하지 않고 창업을 하다보니 실패율이 높다. 창업을 고민하거나, 아이디어가 있어 창업을 준비하는 데 실질적인 가이드가 될 것이다.

❸ 창업경험을 바탕으로 이론을 접목한 기업가정신

창업을 준비하는 과정에서 독자의 미래를 설계하는데 포인트를 두었다.

기업가정신이란, '본인의 이름으로 살아가는 본인의 삶'으로 정의하고, '기업가정신 = 기업가가 갖춰야 할 정신'으로 보기보다는 본인 자체를 상품이라고 생각하고 접근할 수 있도록 하여, 독자에게 논리적인 사고와 창업, 창직, 취업, 취직 등에 대해 독자의 꿈과 독자의 경제적 로드맵에 대한 가이드를 제공하고자 하였다.

❹ ChatGPT를 활용한 실전 스타트업 프레임워크

창업의 초기 단계부터 성장 단계까지 각 단계별 전략과 실행 방법을 상세히 다루며, 스타트업 성공을 위한 구체적이고 실용적인 접근법을 제공한다.

• 'It's Me 창업 시리즈' 커뮤니티

www.chathwp.com

⮞ ChatGPT 사용방법 제공

⮞ 맞춤형 MyGPTs 제공

창업의 필수적인 조건 - 사업계획서

인적 요소	제품 요소	물적 요소
창업자	창업 아이템	창업 자금

그림 1 ▶ 창업의 필수 조건

▌인적 요소

창업에 성공하기 위해 필요한 기업가정신에 대한 이해를 중점으로 한다. 기업가정신을 확립하고 향상시키는 방법이 필요하다.

▌제품 요소

창업 아이템의 고도화와 효과적인 비즈니스 모델 구축하는 것이 중요하다. 창업준비를 위해서는 이를 위한 구체적인 전략과 방법이 필요하다.

▌물적 요소

창업 초기에 필요한 자금, 예를 들어 인건비, 개발비, 사무실 임대비 등에 대한 계획과 관리가 중요하다. 대부분의 예비 창업자들은 자금을 마련하는데 어려움을 겪는데, 이때 정부의 창업 지원금은 큰 도움이 된다.

정부 창업지원사업은 평균적으로 10:1의 경쟁률을 보인다. 이런 경쟁에서 성공하기 위해서는 창업 계획을 논리적이며 구체적으로 설명해야 하는데, 이 때 필수적으로 필요한 제출서류가 '사업계획서'이다.

사업계획서는 단순히 정부 지원과제를 받기 위해서 쓰는 것이 아닌, 창업자가 사업에 대해 객관적으로 분석하고 전략을 기획할 수 있는 방향을 알려주는 지침서이다. 창업자에게 사업계획서는 완벽하진 않지만 예비타당성분석을 할 수 있는 최소한의 작업이라 반드시 창업하고자 한다면 사업계획서는 필수적인 과정이다.

사업 계획서의 Key Point			
매출	고용	수출	투자

그림 2 ▶ 사업계획서의 Key Point

사업계획서를 확인하고 심사하는 주체는 '지원 기관'이고, 이 지원 기관의 목적은 매출, 고용, 수출, 투자이다. 따라서 예비창업자가 사업계획서의 키포인트를 담는데 어려움을 겪고 있어 사업계획서를 효율적으로 작성할 수 있는 노하우가 필요하다. 아래의 내용들은 아이템 관점이 아닌 비즈니스적 관점에서 봐야 한다.

Key	구체적으로 설명이 필요한 요소
매출	• 우리 아이템은 어떤 고객들이 구매하는가? • 경쟁자 현황을 분석하고, 경쟁자들을 이길 수 있는 포인트는 무엇인가? • 시장 환경을 분석한 결과 우리 제품이 왜 필요한가? • 아이템의 수익 모델을 다양하게 구축할 수 있는가? • 트렌드를 분석할 때 우리 아이템은 지속적으로 필요한 제품인가? • 다른 신규 경쟁자가 진입했을 때 우리 아이템을 카피할 수 없도록 하는 전략이 있는가?
고용	• 우리 아이템을 비즈니스로 운영하기 위해 필요한 사람은 누구인가? • 초기 개발 단계, 제품을 완료한 후, 마케팅 시 필요한 사람은 어떤 사람인가? • 예상되는 매출을 달성하기 위해 필요한 조직도를 구성하였는가?
수출	• 우리 아이템이 국내뿐만 아니라 해외에도 수출이 가능한 국가가 있는가? • 수출이 가능한 국가에 우리 제품이 사회적, 문화적으로 필요성이 있는가? • 우리 아이템은 별도의 수정 없이 수출이 가능하고, 필요하다면 수출 국가 지향적으로 커스터마이징 할 수 있는가?
투자	• 우리 아이템으로 시작은 미약하지만, 3개년 목표를 설정하고, 투자를 유치할 수 있는가? • 투자 로드맵에 대한 계획이 확립되어 있는가?

본 서는 창업지원자금을 신청하는데 필요한 사업계획서를 기준으로 순차적으로 작성하여 사업계획서를 처음 작성해보는 독자들도 쉽게 작성이 가능하다. 또한 사업계획서를 꼼꼼히 작성하기 위한 실무적인 방법을 설명하고 있어 다음과 같은 사전 준비가 필요하다.

▌ 창업 아이템

고도화된 '창업 아이템'의 정의가 필요하다. 무엇을 해 보면 돈을 벌 수 있겠다는 '번뜩이는 생각'이 아닌, 고도화된 '창업 아이템'의 정의를 말한다.

▌ 비즈니스 모델

비즈니스 모델이 필요하다. 비즈니스 모델은 린캔버스, 캔버스 모두 가능하다. 다만, 구체적으로 실현가능성이 있는 비즈니스 모델이 필요하다.

▌ ChatGPT 유료 가입

예비창업가의 아이템에 맞추어 작성할 수 있는 프롬프트를 구체적으로 제시하고 있다. 또한, 유료 버전인 4.0 기준으로 프롬프트를 작성하였다. 무료 버전을 활용할 수 있지만, 논리적인 면에서 더 우수한 4.0을 기준으로 작성하였다. 따라서 효과적으로 ChatGPT를 활용하기 위해서는 유료 가입이 필요하다.

ChatGPT를 컨설팅 도구로써 활용

인공지능 시대, 최근에 폭발적인 관심을 받고 있는 ChatGPT를 활용하면 컨설팅 도구로써 사용이 가능하다. 본 서는 ChatGPT를 활용하여 창업 준비를 할 때 어떠한 방식으로 ChatGPT를 활용하는지 간단히 설명한다. 본문에서는 사업계획서의 흐름을 방해하지 않기 위해, ChatGPT의 개요 및 설명은 하지 않는다.

생성형 텍스트 인공지능의 생성 원리

인공지능은 어려운 원리가 아니라, 언제, 어떻게, 우리가 활용할 수 있는지에 대해 쉽게 설명한다.

생성형 텍스트의 원리는 도식화하면 다음과 같다.

그림 3 ▶ 생성형 텍스트의 원리

기본적으로 프롬프트로 입력을 받아, 문맥과 요구사항을 이해하고, 이를 바탕으로 확률에 의한 생성을 한다.

프롬프트 : 아래 그림과 같이 '입력 창'에 사용자가 입력하는 글이다.

그림 4▶ 프롬프트

프롬프트에 사용자가 입력할 글을 작성하는 부분이고, 이 글에는 '어떤 글을 작성해줘.'라는 사용자의 요청이 들어가게 된다.

본 서에서는 아래와 같이 ChatGPT용 프롬프트를 설명한다.

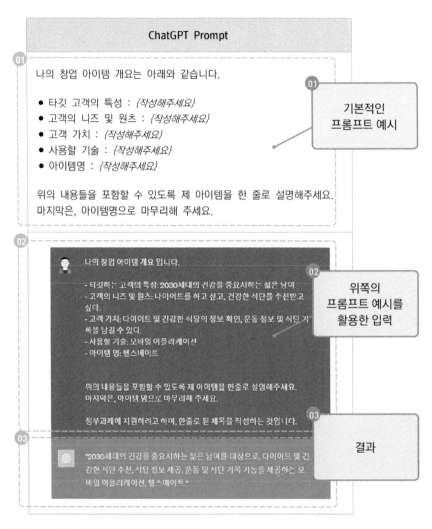

그림 5 ▶ 본 서에서 프롬프트의 설명

　기본적인 프롬프트 예시에서 독자는 "{작성해주세요}"로 되어 있는 부분을 독자의 아이템 및 상황에 맞추어 작성하면 ChatGPT에서 원하는 답이 나올 수 있도록 기재하였다.

■ 문맥 및 요구사항 파악

　프롬프트를 입력하면, 인공지능은 사용자의 프롬프트의 문맥과 요구사항을 파악한다.

　본 서에서는 사업계획서 작성 시 고려되어야 할 다양한 입력 조건과 출력 조건을 프롬프트의 입력창에 자세하고 구체적으로 명기되어 있어 예시로 되어 있는 프롬프트를 활용하면 문맥과 요구사항을 정확하게 전달할 수 있도록 구성하였다.

■ 확률에 의한 생성

　이 부분은 딥러닝, LLM 등 기술적 용어가 사용되어야 명확하게 이해할 수 있지만, 쉽게 풀어서 설명하면 사용자의 프롬프트에 나타난 문맥과 요구사항을 인공지능이 분석한 뒤, 인공지능에 학습된 데이터를 기반으로 스스로 텍스트를 생성하게 된다. 이런 원리로 인해 인공지능의 결과물은 답이 될 수 있는 다양한 브레인스토밍의 도움을 받을 수 있다.

　　■ 인공지능이 학습된 데이터를 바탕으로 사용자의 프롬프트에 맞는 텍스트를 생성해준다.

ChatGPT 유료 버전 활용

본 서에서는 ChatGPT 유료 버전을 기준으로 설명한다. 유료 버전일 때는 아래와 같은 내용들이 가능하다.

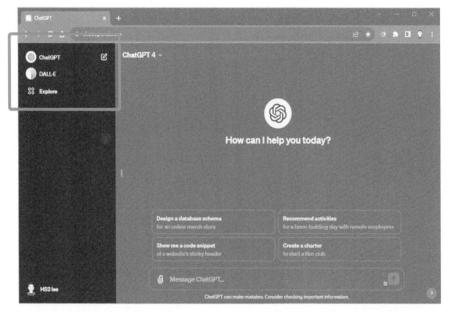

그림 6 ▶ GPT-4의 메뉴

유료 버전(20$/월)의 경우, ChatGPT는 인터넷에 접속할 수 있고, 이미지도 그릴 수 있으며, 텍스트를 지원한다. 전에는 창의 구분이 있었지만, 2023.11.06. 업그레이드로 인터넷, 이미지, 텍스트 모두 하나의 창에서 작성이 가능하다.

따라서 위의 의미지에서 최상단에 있는 'ChatGPT' 메뉴를 클릭하여 프롬프트를 작성하도록 한다. 또한, 2023년 04월까지 학습 데이터를 보유하고 있고, 기존보다 논리력이 우수해졌다.

ChatGPT를 컨설팅 툴로 사용할 때 주의해야 할 점

ChatGPT로 생성된 글은 답이 될 수 있는 예시이지, 정답이 아니다. 따라서 창업자의 의도에 맞도록 반복해서 질문하거나, 창업자가 결과물을 확인하여 의도에 맞게 수정해야 한다.

ChatGPT 심화 학습 안내

ChatGPT와 관련된 내용을 체계적으로 공부하고 싶다면, 'It's Me 창업 시리즈' 커뮤니티인 www.chathwp.com의 'ChatGPT Lecture'를 참고하여 학습하도록 하자.

차 례

CONTENTS

CHAPTER 05   **Solution (솔루션)**

CHAPTER 06   **Scale-Up (성장 전략)**

CHAPTER 07   **Team (내부 역량)**

CHAPTER 08   **사업계획서에 대한 심도 있는 이해**

CONTENTS

CHAPTER 01

창업 정부과제 개요

이 장에서는 _____

창업 아이템은 개인의 열정과 아이디어에서 시작되지만, 창업의 성공여부는 종종 외부 자원과 지원의 유무에 크게 좌우된다. 특히 초기 창업자에게는 자금과 지원이 절실하게 필요하다. 이러한 맥락에서, 정부의 창업 지원사업은 신규 창업자에게 성장과 안정을 위한 큰 기회로 다가온다. 이 장에서는 창업 정부과제의 개요를 설명하고, 누구나 참여할 수 있는 창업 정부지원사업의 다양한 양상을 살펴본다. 정부의 창업 지원사업이 왜 필요한지, 그리고 이를 통해 얻을 수 있는 현실적 이점에 대해 깊이 있게 분석한다.

창업 정부과제를 찾고 지원하는 방법은 창업자에게는 중요한 스킬이기에 창업 정부과제를 찾는 방법과 지원 절차, 평가 방법에 대해 설명한다. 창업과 R&D과제의 차이점을 이해하는 것은 정부 지원사업의 다양한 특성과 목적을 파악하는 데 중요하다. 이어서, 창업 과제의 서면평가와 발표평가 절차를 통해 창업자는 어떻게 그들의 아이디어와 비즈니스 모델을 제시해야 하는지에 대한 인사이트도 제공한다.

정부과제를 통해 자금을 획득하게 되면, 이 자금은 어떻게 활용되는지에 대한 구체적인 방안을 제시한다. 이를 통해 창업가들은 정부의 지원을 통해 자신의 비즈니스를 어떻게 성장시킬 수 있는지에 대한 확실한 방향을 잡을 수 있게 된다.

신규 창업자들은 종종 사업계획서 작성에 어려움을 겪는다. 사업계획서는 창업자의 아이디어와 비전을 체계적으로 표현하는 중요한 도구로, 투자자나 지원기관에게 그들의 비즈니스 모델과 전략을 명확하게 전달해야 한다. 그러나 많은 창업자들은 사업계획서의 구조와 내용을 어떻게 작성해야 할지 모르는 경우가 많다. 이러한 문제를 해결하기 위해 사업계획서 작성의 기초부터 창업 정부지원사업의 이해까지, 창업자들이 필요로 하는 핵심 정보와 지식을 제공한다.

또한 창업가들이 정부의 창업 지원사업을 통해 얻을 수 있는 이점과 기회를 최대한 활용하도록 돕는 역할을 한다. 이를 통해, 창업가들은 자신의 아이디어와 열정을 세상에 선보이며, 더 나은 미래를 위해 당당히 도전할 수 있는 기회를 얻을 수 있다.

누구나 할 수 있는
창업 정부지원사업

창업을 하려면 자금은 물론, 기술 지원, 멘토링, 네트워킹 기회 등 다양한 자원이 필요하다. 이런 자원을 제공하는 것이 바로 정부의 창업 지원사업이다. 정부는 창업 생태계를 활성화하고, 신규 창업자들이 사업을 성공적으로 진행할 수 있도록 다양한 형태의 지원사업을 운영하고 있다. 이러한 지원사업은 개별 창업자뿐만 아니라 스타트업 팀, 중소기업, 심지어는 대기업까지도 대상으로 하며, 각기 다른 목적과 조건을 가지고 있다.

01 지원 사업의 다양성

정부의 창업 지원사업은 크게 금융 지원, 기술 지원, 교육 및 컨설팅, 인프라 제공 등으로 구분된다. 금융 지원의 경우에는 초기 자금 지원, 저리 대출, 투자 유치 지원 등이 있으며, 기술 지원에는 기술 개발 지원, 기술 이전, 연구 인력 지원 등이 있다. 교육 및 컨설팅 지원은 창업 교육 프로그램, 멘토링, 컨설팅 서비스 등을 제공하며, 인프라 제공은 창업 인큐베이팅 센터, 연구 개발 시설 제공 등을 포함한다.

또한, 정부 창업 지원사업은 IT, 바이오, 제조업, 서비스업 등 다양한 분야에서 창업을 희망하는 이들을 대상으로 한다. 각 분야별로 특성화된 지원 프로그램이 마련되어 있어, 창업자는 자신의 사업 아이디어와 연계하여 지원을 신청할 수 있다.

02　지원 대상과 조건

정부의 창업 지원사업은 누구나 지원할 수 있지만, 지원 대상과 조건은 프로그램별로 다르다. 일반적으로 신규 창업자, 여성 창업자, 청년 창업자, 중소기업, 기술 기반 스타트업 등 특정 대상을 위한 프로그램이 마련되어 있다. 지원을 받기 위해서는 해당 프로그램의 지원 조건을 만족해야 하며, 대부분의 경우 사업계획서를 제출한 뒤, 심사 등의 절차를 거친다.

03　지원사업의 신청과 선정

창업 정부지원사업을 신청하기 위해서는 먼저 자신의 비즈니스 아이디어와 사업 모델을 체계적으로 정리해야 한다. 이후 정부의 창업 지원사업 정보를 찾아보고, 자신의 사업과 가장 잘 맞는 프로그램을 찾아야 한다. 지원사업의 선정 과정은 상당히 경쟁적이므로, 신청서와 사업계획서를 철저히 준비하고, 필요한 경우 멘토의 도움을 받는 것이 바람직하다.

04   지원사업의 활용

정부의 창업 지원사업은 창업자에게 큰 도움을 제공하지만, 지원받은 후에도 지원금의 활용 방안, 사업의 진행 상황 보고, 성과의 평가 등을 철저히 준수해야 한다. 지원금의 활용은 사업의 성장과 발전을 위해 꼭 필요한 부분에 집중하여 사용해야 하며, 지원 기관과의 지속적인 커뮤니케이션을 통해 사업의 진행 상황을 공유해야 하는 의무가 생긴다.

05   후속 지원

일부 정부 창업 지원사업은 초기 지원 이외에도 후속 지원을 제공한다. 이는 사업의 성장 단계에 따라 추가 자금이나 기술 지원을 제공하여 창업자가 사업을 지속적으로 성장시킬 수 있도록 돕는다.

정부 창업 지원사업은 창업을 준비하는 이들에게 큰 기회를 제공한다. 이를 통해 창업자들은 자신의 아이디어를 실현시키고 사업을 성장시킬 수 있는 기회로 삼을 수 있도록 한다.

정부과제 창업의
현실적 이점

　주변에는 좋은 창업 아이템과 비즈니스 모델이 있어 창업을 하려고 해도 방법을 알지 못해 혁신적인 도전의 기회를 놓치는 경우를 종종 볼 수 있다. 현대사회에서 직장인으로 사는 것도 의미가 있지만 창업에 한 번쯤 도전해 보는것도 인생에서 큰 의미가 있지 않을까 생각된다. 하지만 창업을 하려면 자금이필요한데 정부과제로 창업을 시작하는 것이 하나의 좋은 대안이 될 수 있다. 그렇다면 정부과제 창업은 창업자에게 어떤 이점이 있을까?

　첫째, 정부의 지원을 받을 수 있는 기회가 높아진다.
　정부는 창업을 통해 국가 경제의 활성화와 일자리 창출을 기대하기 때문에, 창업자에게 다양한 형태의 지원을 제공한다. 이러한 지원은 금전적 지원뿐만아니라, 기술 개발 지원, 시장 진출 지원 등 다양한 형태로 제공된다.

　둘째, 정부과제 창업은 창업자의 비즈니스 아이디어가 사회적으로 유의미하고 혁신적이라는 것을 입증할 수 있는 기회를 제공한다.
　정부과제는 일반적으로 사회적, 경제적 문제를 해결하거나 국가의 기술 경쟁력 향상을 위한 프로젝트에 대해 지원을 제공하기 때문에, 이러한 과제를 통해 창업자는 자신의 비즈니스 아이디어의 가치를 입증할 수 있는 기회가 될 것이며, 자신감을 부여하게 된다.

셋째, 정부과제 창업은 창업 초기의 자금 조달 문제를 해결할 수 있게 돕는다.

많은 창업자들은 초기 자금 조달에 어려움을 겪는데, 정부 창업과제를 통해 이러한 문제를 해결하고 비즈니스를 성장시킬 수 있는 기회를 얻을 수 있다.

넷째, 정부 창업과제는 창업자에게 다양한 네트워킹 기회를 제공한다.

정부과제를 수행하면서 다양한 분야의 전문가들과 협력하게 되며, 이러한 네트워킹은 창업자에게 새로운 비즈니스 기회를 제공하거나 비즈니스 모델을 개선하는 데 도움이 될 수 있다.

다섯째, 정부 창업과제는 창업자의 기술 개발 능력을 향상시킬 수 있다.

정부과제는 기술개발과 관련된 프로젝트에 대한 지원을 제공하며, 이를 통해 창업자는 자신의 기술 능력을 향상시키고 더 나은 제품이나 서비스를 개발할 수 있다.

이러한 이유로, 정부과제로 창업을 시작하는 것은 창업자에게 많은 이점을 제공하며, 비즈니스의 성공 가능성을 높일 수 있는 좋은 기회를 제공한다.

창업 정부과제 찾는 방법

창업자가 정부 창업과제의 정보를 찾아 활용하고 싶지만 이런 정보가 존재하는지, 있다면 어디에서 찾아야 하는지 조차 모르는 경우가 많다. 여기에는 몇 가지 단계와 방법이 있으며, 창업자가 자신의 비즈니스 아이디어와 목표에 맞는 정부과제를 찾아내고 신청할 수 있도록 돕는다.

첫째, 온라인 정보 수집이다.

정부 및 관련 기관의 웹사이트를 통해 창업 지원 프로그램 및 정부과제에 대한 정보를 수집할 수 있다. 이러한 웹사이트에서는 정부과제의 목적, 지원 내용, 지원 대상, 신청 방법 등에 대한 상세 정보를 제공한다.

초기 창업자에게 주요 정부 창업과제는 아래 사이트에서 확인할 수 있다. 예비 창업자의 경우는 창업넷 하나만 봐도 충분한 정보를 찾을 수 있고, 1~3년의 초기 창업자는 기업마당까지 확인하여 다양한 정보를 찾아보도록 한다.

- 창업넷 : www.k-startup.go.kr
- 기업마당 : www.bizinfo.go.kr

둘째, 정부 및 관련 기관의 세미나 및 워크샵 참여이다.

정부 및 관련 기관은 창업자를 대상으로 정부과제에 대한 세미나와 워크샵을 주기적으로 개최한다. 이러한 행사를 통해 창업자는 정부과제의 세부 내용과 신청 방법, 그리고 성공적인 신청을 위한 팁과 노하우를 얻을 수 있다. 또한, 다른 창업자들과 네트워킹 할 기회도 얻을 수 있다.

셋째, 창업 지원 기관 및 컨설팅 기관의 도움을 받는 것이다.

창업 지원 기관이나 컨설팅 기관은 창업자에게 정부과제 찾기와 신청 과정에서 도움을 줄 수 있다. 이들 기관은 정부과제의 특징과 요구사항을 잘 이해하고 있으며, 이를 바탕으로 창업자가 자신의 비즈니스 아이디어와 목표에 맞는 정부과제를 찾고 성공적으로 신청할 수 있도록 돕는다.

넷째, 인터넷을 활용한 네트워킹이다.

소셜 미디어, 온라인 커뮤니티, 전문가 네트워크 등을 통해 다양한 정보와 경험을 공유할 수 있다. 이를 통해 창업자는 정부과제 찾기와 신청 과정에서 어떤 점을 고려해야 하는지, 어떻게 준비해야 하는지에 대한 유용한 정보를 얻을 수 있다.

다섯째, 지속적인 모니터링과 분석이다.

정부과제는 주기적으로 개편되며 새로운 프로그램이 등장한다. 따라서 창업자는 정부과제의 최신 정보를 지속적으로 모니터링하고, 이를 분석하여 자신의 비즈니스에 어떻게 활용할 수 있는지 평가해야 한다.

이렇듯 다양한 방법으로 창업자는 자신의 비즈니스 아이디어와 목표에 맞는 정부과제를 찾아내고, 이를 통해 창업과 사업 확장을 위한 지원을 받을 수 있다.

창업 정부과제의 목적
(왜 창업 지원사업이 있을까?)

정부 창업과제를 접하는 창업자들이 의아해하는 부분이 이런 질문이다.

"그냥 주는 건가요?"

"빚 아닌가요?"

"네! 그냥 주는 것이고, 빚 아닙니다. 하지만, 정부가 투자하기 위해 지원해 주는 것입니다." 라고 답변한다.

정부 창업과제의 주요 목적은 국가의 경제 성장과 일자리 창출을 촉진하기 위함이다. 정부는 창업을 통해 혁신적인 아이디어와 기술이 시장에 도입되고, 이를 통해 새로운 산업의 성장과 기존 산업의 변화를 도모하려 한다. 이에 따라 정부는 창업자들에게 다양한 형태의 지원을 제공하여, 창업의 장벽을 낮추고 사업의 성장을 돕는다. 이러한 창업 지원사업은 다음과 같은 목적이 있다.

첫째, 혁신과 기술 발전을 촉진한다.

창업 정부과제는 창업자들이 혁신적인 아이디어와 기술을 개발하고 시장에 도입할 수 있도록 지원한다. 이를 통해 국가의 기술 경쟁력 향상과 산업 혁신을 추구하며, 글로벌 시장에서의 경쟁력을 강화한다.

둘째, 일자리 창출과 경제 활성화를 도모한다.

창업은 새로운 일자리를 창출하고, 이를 통해 지역 경제와 국가 경제의 활성화를 가져온다. 정부는 이러한 창업의 중요성을 인식하고, 창업자들에게 금전적 지원, 멘토링, 교육 프로그램 등 다양한 형태의 지원을 제공하여 일자리 창출과 경제 활성화를 돕는다.

셋째, 사회적 문제 해결에 기여한다.

창업 정부과제 중 일부는 사회적 문제 해결을 목표로 하고 있다. 이러한 과제는 사회적 기업가 정신을 겸비한 창업자들이 사회적 문제를 해결하는 데 기여할 수 있도록 지원하며, 이를 통해 보다 나은 사회를 구축하려 한다.

넷째, 창업자와 중소기업의 성장을 지원한다.

정부는 창업자와 중소기업이 안정적으로 성장하고, 더 큰 시장에 진출할 수 있도록 다양한 형태의 지원을 제공한다. 이를 통해 창업자와 중소기업의 지속 가능한 성장을 돕고, 국가 경제의 더욱 튼튼한 기반을 구축한다.

다섯째, 국제적 협력과 글로벌 네트워크 구축을 촉진한다.

일부 창업 정부과제는 국제적 협력과 글로벌 네트워크 구축을 목표로 하고 있다. 이러한 과제는 창업자들이 글로벌 시장에 진출하고, 다양한 국가와 협력하여 비즈니스를 확장할 수 있도록 지원한다.

이러한 목적들을 바탕으로 창업 정부과제는 국가의 경제 성장과 사회 발전에 기여하며, 창업자들에게 더 나은 기회와 환경을 제공하여 창업의 성공 가능성을 높인다.

필자의 경우, 약 13억의 정부과제 지원을 받았다. 그러면서, 초기에는 '세금이 아깝지 않다.'라고 생각했지만, 시간이 지나면서, 정부가 "나에게 투자했구나." 라는 생각이 강하게 들었다. 즉, 정부는 나에게 투자하면서 기대한 것은 일자리 창출, 내수, 수출 등이었다.

정부과제는 아래와 같이 다양한 사업이 있다.

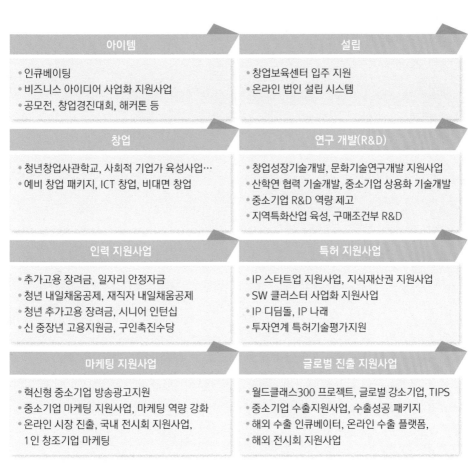

아이템
- 인큐베이팅
- 비즈니스 아이디어 사업화 지원사업
- 공모전, 창업경진대회, 해커톤 등

설립
- 창업보육센터 입주 지원
- 온라인 법인 설립 시스템

창업
- 청년창업사관학교, 사회적 기업가 육성사업…
- 예비 창업 패키지, ICT 창업, 비대면 창업

연구 개발(R&D)
- 창업성장기술개발, 문화기술연구개발 지원사업
- 산학연 협력 기술개발, 중소기업 상용화 기술개발
- 중소기업 R&D 역량 제고
- 지역특화산업 육성, 구매조건부 R&D

인력 지원사업
- 추가고용 장려금, 일자리 안정자금
- 청년 내일채움공제, 재직자 내일채움공제
- 청년 추가고용 장려금, 시니어 인턴십
- 신 중장년 고용지원금, 구인촉진수당

특허 지원사업
- IP 스타트업 지원사업, 지식재산권 지원사업
- SW 클러스터 사업화 지원사업
- IP 디딤돌, IP 나래
- 투자연계 특허기술평가지원

마케팅 지원사업
- 혁신형 중소기업 방송광고지원
- 중소기업 마케팅 지원사업, 마케팅 역량 강화
- 온라인 시장 진출, 국내 전시회 지원사업,
  1인 창조기업 마케팅

글로벌 진출 지원사업
- 월드클래스300 프로젝트, 글로벌 강소기업, TIPS
- 중소기업 수출지원사업, 수출성공 패키지
- 해외 수출 인큐베이터, 온라인 수출 플랫폼,
- 해외 전시회 지원사업

그림 7 ▶ 다양한 정부과제의 종류

창업 과제와
R&D과제의 차이점

창업 과제와 R&D(연구개발) 과제는 목적과 중점, 그리고 지원의 형태와 범위 등에서 다양한 차이점을 보인다. 이들은 기업이나 개인이 추구하는 목표와 전략에 따라 선택하고 진행해야 하는 프로젝트 유형이다. 다음은 창업 과제와 R&D 과제의 주요 차이점을 정리한 내용이다.

첫째, 목적의 차이이다.

창업 과제는 주로 새로운 사업의 창출과 초기 성장을 목적으로 한다. 이를 통해 일자리 창출, 지역 경제 활성화, 그리고 산업 혁신 등을 추구한다. 반면, R&D 과제는 기술의 개발과 연구를 목적으로 하며, 기존의 사업이나 산업의 경쟁력 향상을 위한 기술 혁신과 제품 개발에 중점을 둔다.

둘째, 지원 내용과 범위의 차이이다.

창업 과제는 사업 아이디어의 검증, 시장 분석, 비즈니스 모델 개발, 초기 마케팅과 판로 확보 등에 중점을 둔 지원을 제공한다. R&D 과제는 기술 연구와 개발, 프로토타입 제작, 기술의 상용화와 특허 확보 등 기술 개발에 집중된 지원을 제공한다.

셋째, 결과물의 차이이다.

창업 과제의 결과물은 주로 신규 사업의 창출과 초기 성장이며, 이를 통해 시장에 새로운 제품이나 서비스를 선보이게 된다. 반면, R&D 과제의 결과물은 신규 기술이나 제품, 연구 논문이나 특허 등 기술적 산출물이 주를 이룬다.

넷째, 참여 주체와 협력 구조의 차이이다.

창업 과제는 주로 개인 창업자나 스타트업 기업이 주도하여 진행되며, 다양한 분야의 멘토와 협력하게 된다. 반면 R&D 과제는 기존 기업의 R&D 부서나 연구 기관, 대학과의 협력 하에 진행되며, 기술 개발에 관련된 전문가들과의 협력이 중요하다.

다섯째, 평가와 피드백의 차이이다.

창업 과제는 시장 반응과 비즈니스 모델의 실행 가능성에 대한 평가를 중요시한다. R&D 과제는 기술의 우수성과 연구의 신뢰성, 그리고 기술 개발의 성과를 중점적으로 평가하게 된다.

이러한 차이점들을 통해 창업자나 기업은 자신의 사업 목표와 전략에 맞는 과제 유형을 선택하고, 필요한 지원과 협력을 통해 사업의 성공적인 추진을 도모할 수 있게 된다.

일반적인 경우 예비 창업자~1년 미만 창업기업의 경우 창업 과제를 많이 활용하게 되며, 1년 이상의 창업기업의 경우 연구 과제를 활용하게 된다.

창업 지원사업	기술개발 지원사업	기타 지원사업
· 예비창업자 ~ 3년 미만 · ~ 1.5억원 지원	· R&D가 필요한 기업 · ~ 50억원 지원	· 고용지원금 · 지식재산권 지원 · 시설 / 공간 · 판로 / 해외 진출

그림 8 ▶ 정부과제의 일반적인 구분

　　다양한 정부과제를 활용하고자 할 때 가장 쉬운 방법은 창업 지원과제로 시작하는 것이다. 한번 지원사업을 경험하게 되면 관련된 정보들을 수집할 수 있는 노하우를 얻을 수 있다.

창업과제 절차

창업과제를 신청하려는 창업자들은 정부나 지원 기관이 공고하는 공고문을 참고하여, 특정 절차를 따라야 한다. 이 절차는 일반적으로 아래와 같은 단계로 구성되어 있다.

01	02	03	04
모집 공고	신청 접수	서류 심사	발표 평가 / 심사
공고 해석	사업계획서(HWP) 작성	지원 기관	발표자료(PT) 작성

05	06	07	08
합격 발표	사업비 조정	사업계획서 수정	자부담 납부 및 협약
지원 기관	지원 기관	사업계획서(HWP) 수정	창업자 - 기관

그림 9 ▶ 일반적인 정부과제의 절차

모집 공고

모집 공고에 답이 있다.

공고문은 한글로 표기되어 있지만 생소한 용어가 많아 제대로 이해하지 못하는 경우가 많다. 따라서 창업과제의 시작은 제대로 공고문을 해석하는 것이다. 공고문의 해석은 '2장의 1. 공고문 해석하기'에서 상세하게 살펴본다.

신청 접수

창업자에게 적합한 과제라고 판단된다면 신청 및 접수를 하면 된다. 그런데, 신청을 하려면 반드시 사업계획서가 필요하다. 사업계획서는 일반적으로 PSST(Problem - Solution - Scale Up - Team)로 구성된다. PSST 사업계획서는 기본 틀은 비슷하지만, 과제의 속성 및 목적에 따라 몇몇 요소들이 삭제되거나 추가되는 경우가 있다. 본 서에서는 PSST의 모든 경우를 4장부터 7장까지 상세히 설명하였다. 최대한 다양한 경우의 수를 분석하여 동일한 제목으로 구성하였다. 또한, ChatGPT를 사용하여 좀 더 쉽게 접근할 수 있는 프롬프트를 소개하여 쉽고 빠르고 정확하게 사업계획서를 작성할 수 있도록 구성하였다.

서류 심사

서류 심사는 해당 지원 기관에서 진행된다. 서류 심사기간은 과제의 속성 및 목적에 따라 차이가 있다. 만일 관심있는 창업과제가 더 있다면 이 기간에 진행을 해 보는 것도 바람직하다. 완성도가 높은 사업계획서를 만들어 본 경험이 있다면 다른 창업과제를 도전할 때는 훨씬 쉬운 작업이 된다. 기존의 사업계획서에 재활용하여 가감을 하면 또 하나의 사업계획서를 만들 수 있다.

발표 평가 / 심사

1차 심사인 서류 심사를 합격하면 2차 심사인 발표 평가를 진행하게 된다. 일반적으로 1차 심사의 합격자는 최종 합격자 수의 2~3배수를 선정하게 된다. 2차 심사인 발표 평가는 5~7명으로 구성된 심사위원들 앞에서 PPT(파워포인트)로 발표하는 것이다. 즉, HWP(아래한글)로 된 사업계획서는 1차 심사 대상이 되고, PPT로 된 사업계획서는 2차 심사 대상이 된다는 의미이다. 따라서 HWP에 사용된 이미지 등은 잘 보관하여 2차 심사 준비에 활용하도록 한다.

합격 발표

발표 평가까지 마무리 한 창업자들은 합격 발표를 기다리게 된다. 불합격이 되면 이의제기를 할 수 있는 절차가 남아 있다. 초반에 불합격된 경우, 이의제기 절차를 거쳐 불합격된 이유를 문의할 수 있다. 불합격된 이유를 파악할 수 있어야 그 부분을 수정하여 사업계획서를 업그레이드할 수 있기 때문이다.

사업비 조정

정부과제 지원금이 1억을 지원해 준다고 공고했다 하더라도 모든 합격자에게 1억을 지원해 주는 것은 아니다. 심사 결과에 따라 상위 기업은 100%를 지원해주지만 일반적으로 70% 선에서 지원금이 확정된다. 사업비는 심사위원들이 사업의 목적, 아이템 등을 바탕으로 한 사업계획서를 검토하여 해당 지원자의 지원금을 결정하게 된다. 결정된 사업비는 변경이 불가능하며 합격자가 수령할 것인지 포기할 것인지를 결정하면 된다.

사업계획서 수정

심사에 사용된 사업계획서의 아이템, 전략, 결과물 등 창업 계획과 관련된 모든 내용은 수정할 수 없다. 수정 가능한 영역은 사업비가 조정된 경우, 사업비를 어떻게 사용하겠다는 지출 계획을 수정한다는 의미이다. 만약, 지원금이 1억이라면 지출비를 1억으로 하여 사업비 집행계획을 작성해야 하지만, '사업비 조정'에서 사업비가 조정되었다면, 지출 내역도 조정되어 확정된 사업비 금액으로 수정해야 한다.

자부담 납부 및 협약

지원금이 1억이라면, 과제와 조건에 따라 다르지만, 0~30%까지 다양하게 자부담금이 존재한다. 초기 창업자의 경우 10% 정도의 자부담 비율이 있다. 그러면, 1억의 10%인 1천만 원을 준비하면 된다. 이 자부담금은 현금과 현물로 구성되는데, 현금은 본인의 사업비 통장에 이체하는 것을 의미하며, 현물은 인건비 등으로 대체되는 금액을 말한다. 이 내용은 '6장의 2. 자금 소요 및 조달 계획'에서 자세히 설명한다.

CHAPTER 02

사업계획서 개요

이 장에서는 _____

　사업계획서는 창업자나 기업가가 자신의 비즈니스 아이디어와 전략을 체계적으로 정리하고 제시하는 중요한 문서이다. 사업계획서 작성의 시작점인 '공고문 해석하기'부터 사업계획서의 목적과 작성 요령, 사업계획서의 개요 및 평가 포인트에 이르기까지의 주요 내용들을 다룬다.

　이 장에서는 창업자가 사업계획서 작성의 전반적인 과정과 중요 포인트에 대해 이해할 수 있으며, 이를 바탕으로 효과적인 사업계획서를 작성하는 데 필요한 기본적인 준비를 할 수 있다.

공고문
해석하기

정부나 다양한 기관에서 제공하는 창업지원 프로그램에 참여하려면, 공고문을 확인하여 해당 프로그램의 내용과 요구사항을 확인해야 한다. 공고문은 창업지원 프로그램의 세부적인 정보와 참여 방법을 자세하게 제시하고 있다. 따라서 해당 사업에 성공적으로 참여하고 지원받기 위해서는 공고문을 정확하게 이해하고 준비해야 한다.

공고문의 기본 정보 확인

공고문은 일반적으로 지원사업의 명칭, 지원 기간, 지원 내용, 지원 대상 등 기본적인 정보를 제공한다. 이러한 정보는 창업자가 지원 프로그램의 전반적인 내용을 파악하는 데 도움이 된다.

지원 자격 및 요건 확인

공고문은 지원 자격과 요건을 명시한다. 창업자는 이러한 자격과 요건을 철저히 확인하여 자신의 상황과 맞는지 판단해야 한다. 이는 창업자가 불필요한 시간과 노력을 낭비하는 것을 방지한다.

제출서류 및 제출방법 확인

공고문은 지원에 필요한 제출서류와 제출방법을 명시한다. 제출서류는 일반적으로 사업계획서이며, 기타 추가 서류가 있을 수 있으며, 온라인 제출이나 이메일 제출 등 다양한 제출방법이 명시되어 있다.

평가 기준 및 절차 이해

공고문은 평가 기준과 절차를 제시한다. 창업자는 이를 통해 어떤 부분이 중요하게 평가되는지, 어떤 절차를 거쳐 평가와 선정이 이루어지는지를 이해할 수 있다.

지원 내용 및 활용 방안 파악

지원 내용을 정확하게 이해하고, 어떻게 활용할 수 있는지를 미리 계획하는 것이 중요하다. 이는 창업자가 지원 프로그램을 최대한 효율적으로 활용할 수 있도록 돕는다.

문의 및 상담

공고문에 기재된 내용 중 불명확하거나 추가로 알고 싶은 정보가 있다면 문의 및 상담을 통해 확인한다. 대부분의 공고문에는 문의처와 상담 가능 시간이 명시되어 있다. 궁금한 점이 있다면 전화로 문의를 하여 정확한 정보를 확인한 후 진행해야 실수를 하지 않는다.

공고문 해석은 창업자가 지원 프로그램에 성공적으로 참여하고, 필요한 지원을 받아 사업을 진행하는 데 중요한 첫 단계이다. 따라서 창업자는 공고문을 철저히 분석하고 이해하여 지원 프로그램의 세부 내용과 요구사항을 정확히 파악하고 준비할 수 있어야 한다.

공고문에 익숙하지 않은 예비 창업자들은 관련된 문서들을 참조하여 공고문에서 요구하는 사항들을 정확하게 이해하는 것이 중요하다. 공고문을 제대로 이해하면 이 과제의 목적과 사업계획서 작성요령을 파악하는데 중요한 힌트를 얻을 수 있기 때문이다.

사업계획서의 목적

창업 지원사업은 정부나 지자체 및 다양한 공공기관에서 예비 창업자들에게 제공하는 다양한 지원 프로그램을 의미한다. 이러한 창업 지원사업은 창업 생태계를 활성화하고, 혁신을 촉진하여 국가 경제의 성장을 도모하는 데 큰 역할을 한다. 창업 지원사업에서 사업계획서는 창업자의 아이디어와 사업 전략을 체계적으로 정리하고 평가받을 수 있는 기회를 제공하는 중요한 도구로 작용한다.

사업 아이디어와 전략의 체계적 표현

사업계획서는 창업자가 가진 사업 아이디어와 전략을 체계적으로 표현할 수 있는 문서이다. 창업자는 사업계획서를 통해 자신의 사업 아이디어, 시장 분석, 마케팅 전략, 운영 계획, 재무 계획 등을 구체적으로 기술해야 한다. 이를 통해 창업자는 자신의 사업 아이디어와 전략에 대해 명확히 이해하고, 이를 다른 이해관계자들에게 효과적으로 전달할 수 있도록 해야 한다. 창업 지원과제에서 사업계획서는 이런 창업자의 창업 아이템 및 비즈니스 모델 등을 평가하는 기준이 된다.

사업의 가치와 가능성의 전달

창업 지원사업의 주요 목적 중 하나는 창업자에게 필요한 자금과 지원을 제공하는 것이다. 사업계획서는 사업의 가치와 가능성을 보여주는 중요한 수단이다. 창업자는 사업계획서를 통해 사업의 수익성, 시장의 크기, 경쟁 우위, 팀의 역량 등을 명확하게 제시하며, 이를 통해 신뢰를 얻을 수 있다.

사업의 실행 계획 및 목표 설정

사업계획서는 창업자에게 사업의 실행 계획을 세우고 목표를 설정하는 기회를 제공한다. 창업자는 사업계획서를 통해 단기적, 중기적, 장기적 목표를 설정하며, 이를 달성하기 위한 구체적인 실행 계획을 마련한다. 이를 통해 창업자는 사업의 방향성을 명확히 하고, 일정과 자원을 효율적으로 관리할 수 있다. 정부 지원사업에서는 지원금을 창업자에게 투자하게 된다. 따라서 주관 기관의 입장에서는 어떤 창업자에게 투자해야 창업기업이 실패하지 않고, 성공할 가능성이 있는지를 구체적으로 살펴본다. 따라서 사업의 실행 계획 및 목표를 확인하여 성공가능성을 예측하게 된다.

사업의 성과 평가 및 피드백 제공

창업 지원사업에서 사업계획서는 사업의 성과를 평가하고 피드백을 제공받을 수 있는 중요한 도구이다. 창업자는 사업계획서를 통해 자신의 사업 성과를 정기적으로 점검하고, 지원기관으로부터 유용한 피드백을 받을 수 있다. 이를 통해 창업자는 사업의 문제점과 개선할 부분을 발견하고, 사업의 성장을 촉진할 수 있다.

지원기관과의 소통 촉진

사업계획서는 창업자와 지원기관 간의 소통을 촉진한다. 지원기관은 사업계획서를 통해 창업자의 사업 아이디어와 전략을 이해하고, 필요한 지원과 조언을 제공한다. 창업자는 지원기관의 요구사항과 기대치를 파악하고, 이를 충족시키기 위해 노력해야 한다.

이처럼, 창업 지원사업에서의 사업계획서는 창업자의 사업 아이디어와 전략을 체계적으로 정리하고 제시하는 데 있어 중요한 역할을 수행한다. 또한, 창업자와 투자자, 파트너, 지원기관 간의 소통과 협력을 촉진하며, 사업의 성공 가능성을 높이는데 기여한다.

사업계획서
기본 구조의 이해

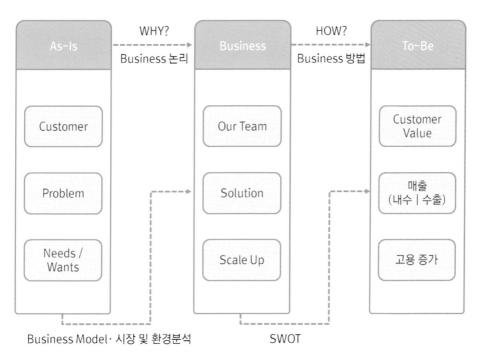

그림 10 ► 사업의 개념

사업이란, 현재(As-Is)의 어떤 '고객'의 '문제점'을 발견하고 그 고객의 'Needs나 Wants'를 확인하는 것부터 시작된다. 고객의 문제와 니즈를 확인한 뒤, 비즈니스 모델 및 시장 분석을 하는 과정을 통해 우리는 왜 사업을 하는지에 대한 Business 논리에 대해 정의하게 되고, 이 고객의 니즈 또는 원츠를 '우리'가 'Solution(해결 아이템)'을 갖고 'Scale Up(성장)'하는 단계를 거치는 것이 바로 Business(사업)이고, 이 비즈니스를 내외부 경쟁 분석을 통해 향후, '고객 가치'를 증명하고 내수 및 수출의 '매출'을 발생시키며 '고용'을 증가하는 것을 말하는 것으로, 이것이 'Business의 방법'이다.

창업 지원사업의 대부분 사업계획서는 PSST(Problem-Solution-Scale up-Team) 방식의 구조로 작성하는 것을 원칙으로 한다. 이 방식은 창업기업의 성장 가능성을 평가하고 지원하는 아이템의 개발·개선을 위한 계획을 세우는 방식이다.

Problem 단계

창업기업이 아이템 개발 시 고객 기반, 경쟁자 기반 차별성 등의 차원에서 인지하고 있는 해결요소를 파악하는 단계로, 4장에서 상세히 설명한다.

Solution 단계

파악된 문제 요소들을 어떻게 해결할 것인지에 대한 방안을 도출하며, 해결을 위한 자원과 프로세스를 계획하는 단계로, 5장에서 상세히 설명한다.

Scale-up 단계

솔루션을 통해 만들어진 사업 아이템으로 예상되는 매출을 추정하고, 이를 실현하기 위한 소요 자금과 자금 조달 방안을 계획하는 단계로, 6장에서 상세히 설명한다.

Team 단계

추정된 매출액을 달성하기 위해 필요한 인력(팀원과 파트너 등)에 대한 실행 계획을 수립하는 단계로, 7장에서 상세히 설명한다.

사업계획서의 평가 포인트
(매출, 고용, 수출, 투자)

2023년 기준 창업 지원과제의 경쟁률을 살펴보면, 청년창업사관학교의 경우 5.15:1, 예비 창업패키지의 경우 5.5:1, 초기 창업패키지는 9:1이었다.

창업 지원과제는 기본적으로 성공 확률이 더 높은 창업기업을 지원하게 된다. 1차 심사의 기준은 사업계획서로 결정된다. 그렇다면, 사업계획서의 심사의 기준은 무엇일까? 사업계획서의 평가는 창업기업의 경영 목표를 달성하기 위한 구체적인 방안과 이를 실현시킬 수 있는 역량을 확인하는 과정에서 이루어진다. 이 때, 매출, 고용, 수출, 투자는 사업계획서를 평가하는데 핵심적인 포인트로 작용한다.

이 4가지 포인트는 처음부터 끝까지 머릿속에 기억하고 있어야 일관성 있는 사업계획서를 작성할 수 있다.

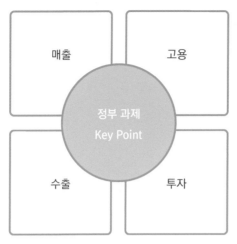

그림 11 ▶ 정부 과제 Key Point

매출

매출은 기업의 성공과 직결되는 중요한 지표이다. 사업계획서에서는 매출 증가 전략을 명확히 제시해야 하며, 이를 위한 마케팅 및 판매 전략, 시장 분석, 타겟 고객 인식, 가격 책정 전략 등을 포함해야 한다. 또한, 매출 증대를 위한 신규 시장 개척 및 기존 시장 확장 전략도 중요하게 간주된다. 매출 예측은 현실적이고 신빙성 있게 작성되어야 한다. 허구적인 상상을 어필하는 것이 아닌, 논리적이고 타당성 있는 매출을 적어야 하는 것이다.

고용

고용은 기업의 성장과 직결되는 또 다른 중요한 지표이다. 사업계획서에서는 인력 구성 및 관리 방안, 팀 구성의 논리성, 인력 채용 및 훈련 계획, 인력의 역량 및 경험 등을 상세하게 기술해야 한다. 고용을 통해 기업의 역량을 강화하고, 사업 목표 달성에 필요한 인적 자원을 확보하는 방안을 제시해야 한다. 정부의 고용 실적 필요성에 따라 일반적으로 창업 기업의 경우 1~2명의 고용 목표가 필요하며, 기업의 성장에 따라 고용 목표를 추가해야 한다.

수출

수출은 기업의 경쟁력을 높이고 글로벌 시장에서의 성장 가능성을 보여주는 중요한 지표이다. 수출 전략은 기업의 제품이나 서비스가 국제 시장에서 어떻게 경쟁력을 유지하고 확장할 수 있는지를 보여주어야 한다. 또한, 수출을 위한 시장 분석, 마케팅 전략, 유통 채널 구축, 관련 법규 및 표준 준수 등에 대한 구체적인 계획이 필요하다. 정부가 수출을 권장하는 이유는 무엇일까? 정부 입장에서는 국내시장만 타깃으로 한다면, 국내에서 유통되는 자금들의 총합은 동일하기 때문에 내수로만 한정한다면 큰 의미가 없다. 따라서 수출을 통해 신규 수익을 창출하는 것이 필요하다.

투자

투자는 사업의 성장을 위해 필수적인 자본을 확보함과 동시에 사업 지속 가능성을 의미한다. 사업계획서에서는 투자 필요성을 명확히 제시하고, 투자를 통해 얻을 수 있는 이익과 투자의 회수 계획을 상세하게 기술해야 한다. 또한, 투자자에게 제시할 수 있는 기업의 가치와 미래 성장 전망, 그리고 투자 위험 관리 방안 등을 포함하여 투자자의 신뢰를 얻어야 한다. 정부는 1차적으로 지원한 창업 기업이 지속적인 성장을 하기를 기대하기 때문이다.

이러한 포인트들은 사업계획서를 평가하고 분석하는 데 있어 기본적이며 핵심적인 요소들로 작용한다. 각 항목은 기업의 성장 전략과 직결되며, 이를 잘 표현하고 명확히 계획하는 것은 사업계획서의 품질과 신뢰도를 높이는 데 기여할 수 있다.

이 당위성을 꼭 이해하고 넘어가야 한다.

정부 과제의 기대하는 바는 '매출', '고용', '수출', '투자'이다.

일반 개요

이 장에서는 ———

일반 개요는 창업성공패키지(창업사관학교)는 '일반현황' + '개요'로 구성되어 있고, 예비창업패키지는 '신청현황' + '일반현황' + '개요'로 구성되어 있다. 사실, 큰 차이는 없다. 창업성공패키지는 중소벤처기업진흥공단에서 시행하는 사업이고, 예비창업패키지는 창업진흥원에서 시행하는 사업이다. 주관기관이 다를 뿐, 내용은 동일하다.

사업명과 주관기관이 다르지만, 내용은 같으며, 사업계획서도 마찬가지이다.

예비창업패키지

01 신청 현황

► 예비창업자패키지 - 신청 현황

신청 주관기관명		ⓐ		과제번호		00000000
신청 분야 (택 1)		☐ 일반	☐		☐ 특화	
사업 분야 (택 1)		☐ 제조	☐ 지식서비스		☐ 융합	
기술 분야 (택 1)		☐ 공예·디자인	☐ 기계·소재		☐ 바이오·의료·생명	
		☐ 에너지·자원	☐ 전기·전자		☐ 정보·통신	
		☐ 화공·섬유				
사업비 구성계획	정부 지원금			ⓑ		
주요성과	고용			성과 목표	고용	
	매출				매출	ⓒ
	투자				투자	

ⓐ 신청 주관기관명

신청 주관기업명은 대학과 창조경제혁신센터로 총 27개(23' 현재)의 기관으로 이루어져 있다. 선택 기준은 보통 거주지역으로 선택하는 경우가 대부분이다. 하지만, 전략적으로 서울 및 대도시에는 지원자가 많아서, 경쟁률을 줄이고자 지방으로 선택하는 경우도 있다. 하지만, 멘토링 및 오프라인 행사가 있으므로, 만약 이런 전략을 취할 경우라면 해당 기관에 문의하여 오프라인 행사에 대한 참여 여부를 확인받고 결정하도록 하자.(만약 거주지가 서울이라고, 꼭 서울 내의 기관을 선택하지 않아도 된다는 의미이다.)

ⓑ 정부지원금

지원금을 어느 정도 지원받겠다는 의미로, 팁을 말하자면, 지원할 수 있는 최대 금액을 모두 적도록 한다. 예를 들어, 최대 지원금은 1억이고, 평균 0.5억이라고 하더라도 그냥 최대 금액인 1억을 표기한다. 최종 합격이 되면 사업비 조정을 하게 되는데, 최고 금액을 기준으로 한다. 사업비 조정은 각각의 아이템을 면밀하게 분석해서 진행하는 것이 아닌, 최종 합격자들에게 등급을 매겨서 1등은 100%부터 정해진 기준으로 조정되는 것이다.

만약 최대 지원금이 1억인데, 창업자가 7천만 원이 필요해서 7천만 원의 지원금을 신청했다고 가정해본다. 최종 심사를 통해 지원금의 70%를 지원받게 결정되었다면, 창업자의 지원금은 '7천만원(신청금액) × 70%(협약비 조정 금액) = 4천900만원(지원금액)'이 되는 것이다. 그런데, 1억을 신청했다면, '1억(신청금액) × 70%(협약비 조정 금액) = 7천만원(지원금액)'으로 산정된다. 따라서 일반적으로 지원금의 최대 금액을 지원하는 것이 창업자에게 유리하다.

ⓒ 성과 목표(고용, 매출, 투자)

성과 목표는 사업계획서를 모두 작성한 뒤, 마지막에 작성하는 것을 추천한다. 지원사업이 선정된 뒤, 최종 사업 기간이 종료된 후 각 기업의 성과를 '우수' – '보통' – '미흡' – '실패'로 평가하는데, 마지막의 '실패' 평가를 제외하고는 모두 '성공' 판정을 받게 된다. 그 중, 창업자가 기재한 성과 목표를 기준으로 평가를 진행하게 된다. 이때 '우수' 판정이 나게 되면, 후속 지원 및 연계 지원 등을 기관에서 자동으로 추천하거나 관심을 두게 된다. 따라서 좋은 성과를 내도록 해야 한다. 따라서 이 성과 목표는 최종 평가에 관한 판단의 기준이 되는 지표로써 매우 중요한 지표이다. 성과 목표는 6장. Scale-Up(성장 전략)에서 상세하게 작성할 것이다.

특별한 경우를 제외하고 사업비 환수는 이루어지지 않는다. 지원금을 받은 후 창업을 하지 않거나, 창업 아이템을 개발하지 않아 사업을 진행하지 않는 경우가 실패로 간주된다.

▶ 예비창업자패키지 – 일반 현황

창업아이템명	ⓓ		
산출물	ⓔ		
직업 (직장명 기재 불가)	대학생 / 사무직	기업(예정)명	00000
(예비)창업팀 구성 현황 (대표자 본인 제외)			
순번	직위	담당 업무	보유역량 (경력 및 학력 등) · 구성 상태
1			ⓕ
2			

ⓓ 창업 아이템명

창업 아이템명은 일반 현황에서 가장 중요한 역할을 한다. 아이템명 하나로 모든 것을 말할 수 있어야 한다. 아이템명은 '고객의 특성', '고객의 문제', '고객의 니즈 및 원츠', '고객 가치', '사용할 기술', '솔루션', '아이템명'을 모두 표현되어야 좋은 아이템명이다. 예를 들어, 아래의 예시 중, 어떤 항목이 더 마음에 드는지 선택해보자.

만약 '다이어트 앱'을 만든다면 아이템명이 단순히 '다이어트 앱'이 아니다. 여기서 말하는 창업 아이템명은 위의 속성이 최대한 포함되고, 2줄 이내로 요약한 아이템명을 말한다. 이런 경우 "사용자의 건강 및 운동 데이터를 추적하고 분석하여 개인화된 운동 및 식단 추천을 제공하는 모바일 앱 – 헬스트레커"라고 표현할 수 있다. 만약, 당신이 심사위원이라면 어떤 아이템명을 이해할 수 있겠는가?

'다이어트 앱' Vs '사용자의 건강 및 운동 데이터를 추적하고 분석하여 개인화된 운동 및 식단 추천을 제공하는 모바일 앱 – 헬스트레커' 둘 중에 아이템 명 하나만을 보고 선정한다면 당연히 후자일 것이다.

또 다른 예시를 들어보자.

'화장품 구독 서비스' Vs '구독자에게 매월 다양한 화장품과 스킨케어 제품을 제공하는 – 뷰티박스'는 어떤가?

'반려견 먹이 시스템' Vs '사용자가 원격으로 반려견의 먹이를 제공하고, 먹이 섭취량을 모니터링 할 수 있게 해주는 하드웨어 제품 – 펫피터' 중 어떤 아이템명이 더 명확할까?

과제명에 ChatGPT를 활용할 때는 '고객의 특성', '고객의 문제', '고객의 니즈 및 원츠', '고객 가치', '사용할 기술', '솔루션', '아이템명' 등의 다양한 조건을 입력하여, 적당한 과제명이 나올 때까지 반복해서 입력하여 창업자가 생각하는 과제가 될 때까지 진행해야 한다. 적당한 과제명이란, 아이템명을 보고도 '고객의 특성', '고객의 문제', '고객의 니즈 및 원츠', '고객 가치', '사용할 기술', '솔루션', '아이템 명'을 모두 이해할 수 있어야 한다.

나의 창업 아이템 개요는 아래와 같습니다.

- 타깃 고객의 특성 : *{작성해주세요}*
- 고객의 니즈 및 원츠 : *{작성해주세요}*
- 고객 가치 : *{작성해주세요}*
- 사용할 기술 : *{작성해주세요}*
- 아이템명 : *{작성해주세요}*

위의 내용들을 포함할 수 있도록 제 아이템을 한 줄로 설명해주세요.
마지막은, 아이템명으로 마무리해 주세요.

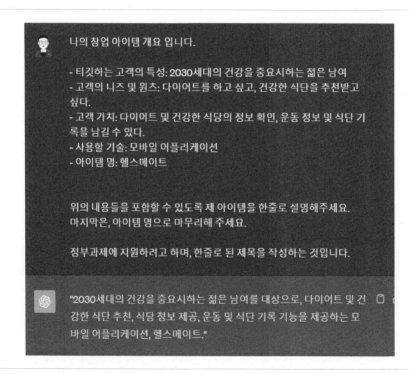

ⓔ 산출물

산출물이란, 협약기간 내 최종 제작·개발 완료할 최종 생산품의 형태, 수량 등 기재하는 것이다. 창업 기업이 어플리케이션을 개발한다면 "안드로이드 앱(1종), iOS 앱(1종), 홈페이지(1종)" 이런 식으로 작성하면 된다. 또 다른 예시로, 하드웨어 – 소비재의 경우 볼펜을 개발한다면, "볼펜 시제품(2종, 각 5개), 홈페이지(1종)"과 같이 작성하면 된다.

산출물은 최종 'ⓒ의 성과 목표(고용, 매출, 투자)'와 함께 최종 판단 기준이 된다. 따라서 마지막에 작성하도록 한다.

ⓕ 창업팀 구성 현황

대표자를 제외한 현재 구성인력을 작성한다. 이 항목은 현재의 준비 상황을 말한다. 'ⓒ의 성과 목표의 고용'의 시작점이 된다.

만약 대표자 1인만 있다면, 이 영역은 공란이 된다. 이럴 경우, 준비가 되어 있지 않다고 생각될 수도 있다. 따라서 필수 인력은 사업계획서를 작성하기 전에 미리 준비하는 것이 좋다. 다만. 구성 상태에서 "기 완료"와 같이 이미 함께 한다고 표현하지 말고, 이미 구성되어 있더라도, "예정(00.00)"으로 하여 준비되어 있고, 성과 목표에서 고용 지표로 활용될 수 있도록 한다. 또 다른 팁은 직위를 사외 이사로 하는 것도 바람직하다. 사외 이사는 업무를 함께 하지만, 고용으로 잡히지는 않기 때문이다. 이와 같이 어느 정도의 팁을 활용하는 것이 좋다. 담당 업무는 본 창업 기업의 아이템 및 사업 영역에 대해 꼭 내부에서 진행되어야 할 핵심 역량은 보유해야 하며, 보유역량은 담당 업무를 증빙하는 자리이다. 경력과 학력, 이력은 이 담당자가 담당 업무를 정상적으로 처리할 수 있는지의 여부를 판단하는 기준이 된다.

창업팀을 구성하기 전에 반드시 조직도를 세워보는 것이 중요하다. 조직도를 통해 우리 팀의 초기 구성과 발전 방향을 명확하게 설정할 수 있다. 중요한 것은 팀원의 선택이 친밀함에 기반하는 것이 아니라, 각 구성원의 능력과 업무 분담에 따라 이루어져야 한다. 조직도는 협약 기간이 종료되는 시점을 기준으로 아래와 같이 작성해보자.

그림 12 ► 조직도

위와 같이 기능 위주의 조직도를 작성하고, 그 능력에 맞는 사람을 배치해야 한다. 사업 기간 내 외주로 업무를 진행할 부분도 함께 체크하여 조직도를 완성해야 한다.

03 창업 아이템 개요 (요약)

창업 아이템의 개요는 심사 위원에게 '우리 제품은 무엇입니다.'라고 명확하게 인지시킬 수 있는 페이지로써, 이 페이지에서 심사위원이 이해할 수 있다면, 기본적으로 50%는 합격이다. 일반적으로 심사 위원이 창업자의 사업계획서를 심사할 때 5~10분 정도의 시간을 할애한다. 보안상 사전에 사업계획서를 오픈할 수는 없고, 심사를 해야 하는 사업계획서는 너무 많아 1시간에 5개 정도의 사업계획서를 심사해야 하므로 길어야 10분이다.

심사 위원 입장에서는 15장의 페이퍼를 10분 안에 이해하고 평가하려면 한 장을 넘기는데 1분 이하로 할애할 수밖에 없다. 따라서 최선의 전략은 개요 부분에서 우리 아이템을 정확하게 인지시키고, 그 뒤에 상세하게 증빙과 자세한 설명을 하는 것이다. 처음에 나오는 개요 부분이 절대적으로 중요한 이유이다.

예비창업패키지는 목차를 제외하고 15페이지 이내로 작성해야 하므로, 개요를 2 Page로 구성하고, 나머지 부분을 13 Page로 구성하기를 추천한다.

명 칭	⑨	범 주	ⓗ
아이템 개요		ⓘ	
배경 및 필요성		ⓙ	
현황 및 구체화 방안		ⓚ	
목표시장 및 사업화 전략		ⓛ	
이미지		ⓜ	

⑨ 명칭

'명칭' 항목은 제품명을 말한다. 예를 들어, 창업 아이템명을 "사용자의 건강 및 운동 데이터를 추적하고 분석하여 개인화된 운동 및 식단 추천을 제공하는 모바일 앱 - 헬스트레커"라고 하였다면, 이 항목에는 "헬스트레커"라고 적는다.

ⓗ 범주

범주는 스포츠항목, OS(운영체제), 인공지능 프로그램, 하드웨어 (소비재), 플랫폼 (B2B)와 같이 개발하고자 하는 개발 범주를 작성한다.

ⓘ 아이템 개요

아이템의 개요는 핵심 기능 및 성능, 고객 가치, 사용 용도 등의 주요 내용에 대해 작성하도록 한다. 다만, 이 부분은 요약 부분이다. 따라서 길게 쓰는 것이 아닌 간단하게 작성해야 한다.

표 1 ▶ 아이템 개요 예시

핵심 기능 및 성능	• 건강 및 운동 데이터 추적 • 개인화된 운동 및 식단 추천 • 언제 어디서나, 모바일 앱
고객 가치	• 건강 관리의 편의성 • 개인화된 건강 관리
사용 용도	• 다이어트 및 건강 관리 • 식단 및 운동 기록

아이템의 개요를 ChatGPT를 활용하면 아래와 같이 활용할 수 있다.

ChatGPT Prompt - 아이템 개요

● 창업 아이템 명 : *{작성해주세요}*
● 티깃하는 고객의 특성 : *{작성해주세요}*
● 고객의 니즈 및 원츠 : *{작성해주세요}*
● 고객 가치 : *{작성해주세요}*
● 사용할 기술 : *{작성해주세요}*

우리 창업 아이템의 개요를 아래와 같이 간단하게 주요 내용에 대해 개조식으로
10줄 이내로 주요내용만 작성해주세요.

◆ 핵심 기능 및 성능
◆ 고객 가치
◆ 사용 용도

● 창업 아이템 명: 사용자의 건강 및 운동 데이터를 추적하고 분석하여 개인화된 운동 및 식단 추천을 제공하는 모바일 앱 – 헬스트레커
● 티깃하는 고객의 특성: 2030세대의 건강을 중요시하는 젊은 남여
● 고객의 니즈 및 원츠: 다이어트를 하고 싶고, 건강한 식단을 추천받고 싶다.
● 고객 가치: 다이어트 및 건강한 식당의 정보 확인, 운동 정보 및 식단 기록을 남길 수 있다.
● 사용할 기술: 모바일 어플리케이션

우리 창업 아이템의 개요를 아래와 같이 간단하게 주요 내용에 대해 개조식으로 10줄 이내로 주요내용만 작성해주세요.

◆ 핵심 기능 및 성능
◆ 고객 가치
◆ 사용 용도

◆ 핵심 기능 및 성능

- 건강 및 운동 데이터 추적: 사용자의 건강과 운동 데이터를 실시간으로 모니터링하고 분석합니다.
- 개인화된 운동 및 식단 추천: 분석된 데이터를 기반으로 사용자에게 맞춤형 운동 루틴과 식단을 추천합니다.
- 모바일 앱: 언제 어디서나 사용자의 스마트폰을 통해 데이터 접근과 추천을 받을 수 있습니다.

◆ 고객 가치

- 건강 관리의 편의성: 사용자는 운동과 식단 정보를 한 앱에서 쉽게 관리하고 추적할 수 있습니다.
- 개인화된 건강 관리: 사용자의 건강 목표와 현 상태에 맞는 개인화된 조언을 받을 수 있어 더 효과적인 건강 관리가 가능합니다.

◆ 사용 용도

- 다이어트 및 건강 관리: 사용자는 앱을 통해 건강한 다이어트와 운동 루틴을 계획하고 실행할 수 있습니다.
- 식단 및 운동 기록: 사용자는 일상의 식단과 운동 루틴을 기록하며, 그에 따른 진전을 모니터링할 수 있습니다.

① 배경 및 필요성

창업자가 창업 아이템을 만들려고 하는 근본적인 이유는 고객의 문제를 해결하기 위해 창업하려는 것이다. 이 배경과 필요성은 창업자가 생각하는 고객(목표시장)의 어떤 문제(Pain 또는 Gain 포인트)를 말하는 것이며, 우리가 만드는 제품은 이 Pain 포인트에는 감소제(진통제)의 의미를, Gain 포인트에는 증가제(비타민)의 의미를 말하는 것이다.

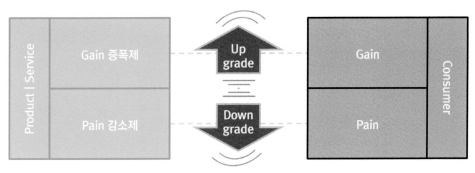

그림 13 ▶ 고객가치

즉, 고객의 어떤 문제로 인해 우리 제품이 필요하고, 해결책은 '①. 아이템 개요'에서 기재한다. 따라서 이 부분에는 '목표 시장', '고객의 문제점', '고객의 Needs or Wants', '목표 시장 현황'을 간략하게 기재해보자.

상세 목차는 필자의 기준에서 필요한 내용을 선정한 것으로, 창업자의 의도와 목적에 따라 수정할 수 있다. 창업 아이템명이 "사용자의 건강 및 운동 데이터를 추적하고 분석하여 개인화된 운동 및 식단 추천을 제공하는 모바일 앱 – 헬스트레커"라고 한다면, ChatGPT에 아래와 같이 정리한다.

- 창업 아이템 명 : *{작성해주세요}*
- 티깃하는 고객의 특성 : *{작성해주세요}*
- 고객의 니즈 및 원츠 : *{작성해주세요}*
- 고객 가치 : 다이어트 및 *{작성해주세요}*
- 사용할 기술 : *{작성해주세요}*

우리 창업 아이템의 개요를 아래와 같이 간단하게 주요 내용에 대해 개조식으로 10줄 이내로 주요내용만 작성해주세요.

◆ 목표 시장의 특성
◆ 고객의 Pain Point 또는 Gain Point
◆ 고객의 Needs 또는 Wants
◆ 목표 시장의 현황 및 시장성장률

인터넷을 접속하여 데이터를 기반으로 작성해주세요.

●창업 아이템 명:사용자의 건강 및 운동 데이터를 추적하고 분석하여 개인화된 운동 및 식단 추천을 제공하는 모바일 앱 – 헬스트레커
●티깃하는 고객의 특성:2030세대의 건강을 중요시하는 젊은 남여
●고객의 니즈 및 원츠:다이어트를 하고 싶고, 건강한 식단을 추천받고 싶다.
●고객 가치:다이어트 및 건강한 식당의 정보 확인, 운동 정보 및 식단 기록을 남길 수 있다.
●사용할 기술:모바일 어플리케이션

우리 창업 아이템의 개요를 아래와 같이 간단하게 주요 내용에 대해 개조식으로 10줄 이내로 주요내용만 작성해주세요.

◆목표 시장의 특성
◆고객의 Pain Point 또는 Gain Point
◆고객의 Needs 또는 Wants
◆목표 시장의 현황 및 시장성장률
을 작성해주세요.

◆ 목표 시장의 특성

• 우리의 목표 시장은 2030세대의 건강을 중요시하는 젊은 남여로, 이들은 건강과 웰니스에 대한 인식이 높고, 스마트폰과 앱 기술을 적극적으로 활용하여 건강 관리를 하려는 경향이 있습니다.

◆ 고객의 Pain Point 또는 Gain Point

• Pain Point: 기존의 앱들이 개인화된 서비스를 제공하지 않아 다이어트와 건강 관리에 필요한 정보와 추천을 얻기 어렵다.
• Gain Point: 개인화된 운동 및 식단 추천을 통해 더 효과적이고 만족스러운 건강 관리 경험을 제공할 수 있다.

◆ 고객의 Needs 또는 Wants

• Needs: 사용자는 건강한 식단과 운동 루틴을 추천받아 건강을 유지하고 개선하길 원한다.
• Wants: 사용자는 자신의 건강 데이터를 쉽게 추적하고 분석할 수 있는 플랫폼을 통해 더 나은 건강 관리 방법을 찾고자 한다.

◆ 목표 시장의 현황 및 시장성장률

• 건강 및 운동 추적 앱 시장은 성장 중이며, 다양한 출처에 따르면 연평균 성장률(CAGR)은 약 17.6%에서 27.8% 사이로 예상되며, 이는 건강 및 운동 추적 앱의 수요가 계속 증가하고 있음을 나타낸다 .

■ 목표 시장의 특성

2030세대의 건강을 중요시하는 젊은층으로, 이들은 건강과 웰니스에 대한 인식이 높고, 스마트폰과 앱 기술을 적극적으로 활용하여 건강 관리를 하려는 경향이 있다.

■ 고객의 Pain Point 또는 Gain Point

- Pain Point : 기존의 앱들이 개인화된 서비스를 제공하지 않아 다이어트와 건강 관리에 필요한 정보와 추천을 얻기 어렵다.
- Gain Point : 개인화된 운동 및 식단 추천을 통해 더 효과적이고 만족스러운 건강 관리 경험을 제공할 수 있다.

■ 고객의 Needs 또는 Wants

- Needs : 사용자는 건강한 식단과 운동 루틴을 추천받아 건강을 유지하고 개선하길 원한다.
- Wants : 사용자는 자신의 건강 데이터를 쉽게 추적하고 분석할 수 있는 플랫폼을 통해 더 나은 건강 관리 방법을 찾고자 한다.

■ 목표 시장의 현황

- 건강 및 운동 추적 앱 시장은 성장 중이며, 다양한 출처에 따르면 연평균 성장률 (CAGR)은 약 17.6%에서 27.8% 사이로 예상되며, 이는 건강 및 운동 추적 앱의 수요가 계속 증가하고 있음을 나타낸다.
- 연평균 성장률 : 17.6% ~ 27.8% (출처 : 링크 [1])

ⓚ 현황 및 구체화 방안

창업자가 생각하고 있는 창업 아이템에 대한 현재까지의 '아이템 개발 및 준비 현황'을 말한다. 또한, 지원 사업에 대해 협약기간 내 창업 아이템에 대해 구체화 방안 즉, 추진 내용을 정리하며, 최종 산출물을 정리한다.

아이템의 개발 및 준비 현황은 아이템을 준비한 정도로, 창업 지원사업은 보통의 경우 TRL 지표 기준으로 TRL3 ~ TRL8까지 지원하는 것이 보통이다. 그럼 TRL2 까지가 미리 선행되어야 한다. (TRL 지표는 '8장. 사업계획서에 대한 심도 있는 이해' 〉 '1. TRL 지표'을 참고하도록 하자.)

▶ 창업 지원사업 전 준비해야 할 내용

단계	주요 내용	사전 준비사항
TRL 1	기술 기초 연구 단계	• 기술의 기초원리에 대한 이해와 연구 • 기술 개발의 장기적 목표 설정 • 관련 학문적/산업적 배경 조사 • 기초 연구를 위한 팀 구성 및 자원 확보 준비
		창업 아이템에 대해, 기술의 기초원리와 장기적인 개발 목표를 설정하고, 필요한 팀과 자원을 확보하는 등의 준비 작업
TRL 2	기술 개념 타당성 검토 단계	• 기술 개념의 정의 및 검토 • 타당성 검토를 위한 초기 모델 또는 프로토타입 개발 • 필요한 경우 기존 기술과의 비교 분석 • 개발 목표와 단계별 계획 수립
		기술의 개념을 명확히 정의하고 타당성을 검토하며, 초기 모델이나 프로토타입을 개발하여 기술의 실현 가능성을 평가한다. 이 단계에서는 또한 기존 기술과의 비교 분석을 통해 기술의 차별화 요소와 장점을 명확히 하고, 개발 목표와 단계별 계획을 수립하여 기술 개발의 전반적인 방향성을 설정한다.

창업 아이템이 '사용자의 건강 및 운동 데이터를 추적하고 분석하여 개인화된 운동 및 식단 추천을 제공하는 모바일 앱 - 헬스트레커'라고 한다면, TRL 1과 TRL 2에서 준비해야 하는 것은 무엇일까?

아래와 같이 예시를 들 수 있다.

► 창업 아이템이 헬스 트레커일 경우, 사전 준비 내용

단계	주요 내용	사전 준비사항
TRL 1	기술 기초 연구 단계	• 건강 및 운동 데이터 추적 방법 기초 연구 • 사용자 데이터의 분석 및 개인화 추천 알고리즘에 대한 이론적 연구 • 관련 분야의 기존 앱과 기술들에 대한 조사 • 개발 팀 구성 및 필요한 기술 / 자원의 조사
TRL 2	기술 개념 타당성 검토 단계	• 헬스트레커 앱의 초기 개념 및 설계 작성 • 개인화된 운동 및 식단 추천 알고리즘의 초기 모델 또는 프로토타입 개발 • 기존 앱/서비스와의 비교를 통한 차별화 포인트 및 장점 분석 • 개발 목표와 단계별 계획 수립, 초기 사용자 피드백을 통한 개념 검증

창업 아이템 : *{작성해주세요}*

위 아이템에 대해 TRL 1과 TRL 2에서 준비해야 하는 것을 구체적인 예시로 보여주세요.

만약, 아이템이 '구독자에게 매월 다양한 화장품과 스킨케어 제품을 제공하는 - 뷰티박스'라고 한다면,

TRL 1과 TRL 2에서 준비해야 하는 것을 구체적인 예시로 보여주세요.

뷰티박스 프로젝트는 주로 서비스 및 물류에 중점을 둔 사업 모델이지만, 기술적인 부분도 일부 포함될 수 있습니다. 예를 들어, 구독자의 선호도와 피부 타입을 분석하여 맞춤형 제품을 제공하는 알고리즘, 웹사이트 및 모바일 앱, 물류 및 배송 시스템 등이 있습니다. 아래 표는 TRL 1과 TRL 2 단계에서 준비해야 하는 사항을 뷰티박스 프로젝트의 컨텍스트에서 구체적으로 제시한 것입니다.

단계	내용	사전 준비 사항
TRL 1	기술 기초 연구 단계	- 구독 기반의 서비스 모델에 대한 연구 \<br\> - 화장품 및 스킨케어 제품의 선정 기준 및 공급업체 파악 \<br\> - 구독자의 선호도와 피부 타입을 분석하는 기술에 대한 연구 \<br\> - 웹사이트 및 모바일 앱 개발에 필요한 기술 및 플랫폼 조사
TRL 2	기술 개념 타당성 검토 단계	- 뷰티박스 서비스의 초기 개념 및 설계 작성 \<br\> - 구독자의 선호도와 피부 타입을 분석하여 맞춤형 제품을 제공하는 알고리즘의 초기 모델 또는 프로토타입 개발 \<br\> - 기존 제품/서비스와의 비교를 통한 차별화 포인트 및 장점 분석 \<br\> - 개발 목표와 단계별 계획 수립, 초기 사용자 피드백을 통한 개념 검증

TRL 1 단계에서는 뷰티박스 서비스의 기초적인 부분을 연구합니다. 이 단계에서는 구독 기반의 서비스 모델에 대한 이해를 토대로, 어떤 화장품 및 스킨케어 제품을 제공할 것인지, 그리고 어떻게 구독자의 선호도와 피부 타입을 분석할 것인지에 대한 기초적인 연구를 수행합니다. 또한, 서비스를 제공하기 위해 필요한 웹사이트 및 모바일 앱 개발에 필요한 기술과 플랫폼을 조사합니다.

TRL 2 단계에서는 뷰티박스 서비스의 초기 개념과 설계를 작성하고, 구독자의 선호도와 피부 타입을 분석하여 맞춤형 제품을 제공하는 알고리즘의 초기 모델 또는 프로토타입을 개발합니다. 이 단계에서는 뷰티박스 서비스의 기술적 타당성과 시장에서의 차별화 포인트를 분석하며, 개발 목표와 단계별 계획을 수립합니다. 또한, 초기 사용자 피드백을 통해 개념의 검증을 수행하고 필요한 경우 개념을 개선하며 발전시킵니다.

🔄 Regen

<u>하드웨어의 경우</u>

창업 아이템이 ICT 제품인 '사용자가 원격으로 반려견의 먹이를 제공하고, 먹이 섭취량을 모니터링 할 수 있게 해주는 하드웨어 제품 - 펫피터' 라고 한다면, 아래와 같이 ChatGPT가 예시를 작성해 주었다.

▶ 창업 아이템이 펫 피터일 경우, 사전 준비 내용

단계	주요 내용	사전 준비사항
TRL 1	기술 기초 연구 단계	• 원격으로 먹이 제공 및 모니터링을 가능하게 하는 기술에 대한 기초 연구 • 반려동물의 먹이 섭취량을 측정하는 센서 기술에 대한 연구 • 관련 분야의 기존 하드웨어 제품과 기술들에 대한 조사 및 분석개발 팀 구성 및 필요한 기술/자원의 조사와 확보 준비
TRL 2	기술 개념 타당성 검토 단계	• 펫피터 제품의 초기 개념 및 설계 작성 • 원격 제어 및 먹이 섭취량 측정 기능의 초기 모델 또는 프로토타입 개발 • 기존 제품/서비스와의 비교를 통한 차별화 포인트 및 장점 분석 • 개발 목표와 단계별 계획 수립, 초기 사용자 피드백을 통한 개념 검증

플랫폼 서비스 및 물류의 경우

창업 아이템이 플랫폼 서비스인 '구독자에게 매월 다양한 화장품과 스킨케어 제품을 제공하는 – 뷰티박스'라고 한다면, 아래와 같이 작성할 수 있다.

단계	주요 내용	사전 준비사항
TRL 1	기술 기초 연구 단계	• 구독 기반의 서비스 모델에 대한 연구 • 화장품 및 스킨케어 제품의 선정 기준 및 공급업체 파악 • 구독자의 선호도와 피부 타입을 분석하는 기술에 대한 연구 • 웹사이트 및 모바일 앱 개발에 필요한 기술 및 플랫폼 조사
TRL 2	기술 개념 타당성 검토 단계	• 뷰티박스 서비스의 초기 개념 및 설계 작성 • 구독자의 선호도와 피부 타입을 분석하여 맞춤형 제품을 제공하는 알고리즘의 초기 모델 또는 프로토타입 개발 • 기존 제품/서비스와의 비교를 통한 차별화 포인트 및 장점 분석 • 개발 목표와 단계별 계획 수립, 초기 사용자 피드백을 통한 개념 검증

이와 같이 '현황 및 구체화 방법'이란, TRL1과 TRL2를 본인의 아이템에 맞게 잘 준비하고 있는지를 또, 현재 창업을 위해 하고 있는 일이 이 TRL1과 TRL2의 과정에 적합하게 계획하고 있는지에 대해 작성한다. 따라서 이 예시를 활용하여 작성하도록 하자.

① 목표시장 및 사업화 전략

창업 아이템에 대한 수익 모델과 목표 시장에 대한 성장전략을 표현하고, 자사 제품의 SWOT 분석을 통한 경쟁력 및 차별성을 어필하도록 하자.

이 항목에 대해서 필자는 수익 모델과 목표 시장에 대한 성장전략 그리고, 경쟁력 및 차별성의 소목차로 구성한다.

▌ 수익 모델 : 사업 계획서 준비물 중 하나인 비즈니스 모델의 수익 모델을 말한다. '우리가 어떻게 돈을 벌 것이다.'를 말해야, 그 수익모델과 매칭 되는 목표시장, 그리고 경쟁력 및 차별성을 도출할 수 있다.

▌ 목표 시장 : TAM / SAM / SOM의 SOM 시장을 말한다.

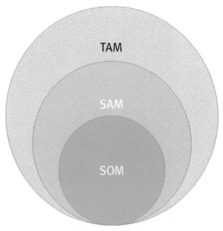

그림 14▶ TAM / SAM / SOM

- **TAM**(Total Available Market) : TAM은 창업자가 진입하려는 시장의 전체 규모를 나타낸다. TAM은 시장의 포텐셜을 이해하고, 얼마나 큰 기회가 존재하는지를 평가하는 데 중요하다. 예를 들어, 모바일 게임 시장에서 전체 사용자 수를 계산하여 TAM을 추정할 수 있다.

- **SAM**(Serviceable Available Market) : SAM은 창업자가 진입하려는 시장 중에서 자신의 제품이나 서비스로 서비스할 수 있는 시장의 규모를 나타낸다. SAM은 TAM 내에서 실질적으로 대상으로 할 수 있는 시장의 크기를 나타내며, 예를 들어, 특정 지역이나 연령대의 사용자를 대상으로 한다면, SAM은 TAM보다 작아질 것이다.

- **SOM**(Serviceable Obtainable Market) : SOM은 SAM 중에서 실제로 창업자가 얻을 수 있을 것으로 예상되는 시장의 규모를 나타낸다. SOM은 경쟁 상황, 마케팅 및 판매 능력 등 여러 요인을 고려하여 결정되며, 창업자의 단기적인 시장 점유율 목표를 설정하는 데 도움이 된다.

SWOT 분석을 통한 경쟁력 및 차별성 : SWOT 포지셔닝 및 전략은 각 4가지 요소를 분석하는 방법으로, 아래의 내용과 같다.

- **강점**(Strengths) : 창업 아이템의 핵심 역량과 장점을 식별한다. 이는 기술, 팀, 경험, 지식, 네트워크 등 다양한 요인을 포함할 수 있다.

- **약점**(Weaknesses) : 창업 아이템의 약점과 부족한 부분을 파악한다. 이는 자금, 인력, 경험, 지식, 네트워크 등의 부족을 포함할 수 있다.

- **기회**(Opportunities) : 시장에서 창업 아이템에 대한 기회를 식별한다. 이는 시장의 성장, 변화, 소비자의 니즈, 기술의 발전 등이 기회를 제공할 수 있다.

- **위협**(Threats) : 시장에서 창업 아이템에 대한 위협을 식별한다. 이는 경쟁, 법률 및 규제, 기술의 변경, 시장의 변동성 등이 위협을 제공할 수 있다.

이 4가지 요소를 나열한 뒤, 각각을 아래 그림과 같이 조합하여 전략을 만들어 낸다.

그림 15 ▶ SWOT

이 부분은 '6장. Scale-Up(성장 전략)' > '1. 사업화 방안' > '② 목표시장 진출 방안(시장 진입 전략)'에서 상세하게 분석한다. 따라서 이 부분은 개요를 작성하는 부분으로 최대한 심플하게 작성해야만 한다.

ChatGPT는 아래와 같이 활용할 수 있다.

ChatGPT Prompt - 목표시장 및 사업화 전략 1/2

창업 아이템에 대해서 아래와 같이 분석, 개조식으로 작성해주세요.
창업 아이템 : *{작성해주세요}*

◆ 수익 모델
◆ 목표 시장에 대한 성장전략
◆ 경쟁력 및 차별성

구독자에게 매월 다양한 화장품과 스킨케어 제품을 제공하는 플랫폼 서비스 - 뷰티박스

이 창업 아이템에 대해서 아래와 같이 분석, 개조식으로 작성해주세요.

◆ 수익 모델
◆ 목표 시장에 대한 성장전략
◆ 경쟁력 및 차별성

수익 모델:

1. **구독 수익**: 뷰티박스 서비스는 매월 또는 분기별 구독료를 통해 주요 수익을 창출한다. 구독자는 정기적으로 화장품과 스킨케어 제품을 받게 된다.
2. **판매 수익**: 플랫폼에서 인기 제품의 단일 판매를 제공하여 추가 수익을 창출할 수 있다.
3. **제휴 및 브랜드 프로모션**: 화장품 브랜드와의 제휴를 통해 브랜드의 새로운 제품을 홍보하고, 프로모션 수익을 얻을 수 있다.
4. **광고 수익**: 플랫폼 내에서 또는 뷰티박스의 소셜 미디어 채널에서 광고를 게재하여 광고 수익을 창출한다.

목표 시장에 대한 성장전략:

1. **타겟 마케팅**: SNS, 블로그, 유튜브 등 다양한 온라인 채널을 활용하여 타겟 고객에게 집중적으로 마케팅을 실시한다.
2. **커뮤니티 구축**: 사용자들이 제품 리뷰와 추천을 공유할 수 있는 커뮤니티를 구축하여, 사용자 간의 소통과 브랜드 충성도를 높인다.
3. **파트너십 및 제휴**: 다양한 화장품 브랜드와의 제휴를 통해 더 많은 제품을 제공하고, 브랜드 인지도를 향상시킨다.
4. **프리미엄 구독 옵션**: 고객에게 더 고급 제품 또는 추가 혜택을 제공하는 프리미엄 구독 옵션을 제공하여 고객의 선택 폭을 넓히고, 높은 수익을 창출한다.

경쟁력 및 차별성:

1. **개인화된 제품 추천**: 고객의 피부 타입과 선호도를 기반으로 개인화된 제품을 추천하여 뷰티박스의 서비스를 독특하게 만든다.
2. **다양한 제품 제공**: 다양한 브랜드와 제품을 제공하여 고객에게 다양한 선택과 새로운 경험을 제공한다.
3. **커뮤니티 및 소셜 인터랙션**: 뷰티박스의 커뮤니티는 고객들에게 제품에 대한 진솔한 리뷰와 정보를 제공하며, 서비스의 투명성과 신뢰도를 높인다.
4. **지속적인 고객 지원**: 피드백을 적극적으로 수용하고, 고객의 문의에 신속하게 응답하여 뛰어난 고객 서비스를 제공한다.
5. **프리미엄 브랜드와의 협력**: 고급 브랜드와 협력하여 프리미엄 제품을 제공함으로써 경쟁사와 차별화하고 높은 가치를 제공한다.

뷰티박스는 개인화된 서비스와 다양한 제품 제공, 그리고 강력한 커뮤니티 구축을 통해 시장에서 독특한 위치를 차지할 수 있으며, 지속적인 고객 지원과 프리미엄 브랜드와의 협력을 통해 높은 경쟁력을 유지할 수 있다.

모바일 앱의 예시

사용자의 건강 및 운동 데이터를 추적하고 분석하여 개인화된
운동 및 식단 추천을 제공하는 모바일 앱 - 헬스트레커

■ 수익 모델

- 구독 모델 : 월별 또는 연간 구독료
- 프리미엄 서비스 : 더 상세한 분석, 전문가 상담등의 프리미엄 서비스
- 광고 수익 : 앱 내에서 관련 업체의 광고를 게재
- 제휴 마케팅 : 건강 및 운동 관련 제품을 추천, 제휴 회사와의 협력
- 데이터 판매 : 건강 및 운동 데이터를 연구 기관이나 기업에 판매한다.

■ 목표 시장에 대한 성장전략

- 커뮤니티 구축 : 사용자들의 성과 공유, 서로 동기부여를 주는 커뮤니티
- 파트너십 및 제휴 : 관련 기업이나 단체와의 파트너십을 통한 서비스 홍보
- 콘텐츠 제작 및 홍보 : 유익하고 흥미로운 건강 및 운동 관련 콘텐츠
- 유저 경험 개선 : 사용자의 피드백을 수집하고, 사용성 및 기능의 지속적 개선을 통해 유저의 만족도를 높인다.

■ 경쟁력 및 차별성

- 개인화된 서비스 제공
- 고급 데이터 분석 기능
- 커뮤니티 구축
- 사용자 중심의 디자인
- 전문가 상담 및 파트너십
- 연속적인 개선 및 혁신

IOT 제품의 예시

사용자가 원격으로 반려견의 먹이를 제공하고, 먹이 섭취량을
모니터링 할 수 있게 해주는 IOT 제품 - 펫피터

■ 수익 모델

- 제품 판매 : 펫피터 기기의 직접 판매를 통한 수익 생성.
- 구독 서비스 : 월별 또는 연간 구독료를 통해 추가 기능이나 프리미엄 서비스를 제공
 (예: 고급 분석 기능, 전문가 상담 등).
- 광고 및 제휴 마케팅 : 앱 내에서 반려동물 관련 제품의 광고 게재
- 데이터 판매 : 반려동물의 먹이 섭취 데이터 판매

■ 목표 시장에 대한 성장전략

- 사회적 네트워킹 및 커뮤니티 구축 : 사용자들이 앱 내에서 반려동물의 사진이나 경
 험을 공유할 수 있는 플랫폼 제공.
- 교육 및 인식 캠페인 : 반려동물의 올바른 먹이 제공의 중요성에 대한 교육과 인식
 캠페인을 통해 시장의 수요를 촉진.
- 파트너십 및 제휴 : 반려동물 산업의 주요 기업과 파트너십을 맺어, 제품의 인지도를
 높이고 시장 점유율을 확장.
- 지속적인 제품 개선 및 혁신 : 사용자의 피드백을 바탕으로 제품의 기능을 지속적으
 로 개선하고, 새로운 기술을 도입하여 시장의 리더로서의 위치를 유지.

■ 경쟁력 및 차별성

- 사용자 친화적 인터페이스
- 높은 정밀도 및 신뢰성
- 통합 모니터링 시스템
- 오픈 API
- 지속적인 개선 및 업데이트 제공

플랫폼 서비스의 예시

구독자에게 매월 다양한 화장품과 스킨케어 제품을 제공하는
플랫폼 서비스 - 뷰티박스

■ 수익 모델

- 구독 수익 : 뷰티박스 서비스는 매월 또는 분기별 구독료
- 판매 수익 : 플랫폼에서 인기 제품의 단일 판매를 제공
- 제휴 및 브랜드 프로모션 : 화장품 브랜드와의 제휴를 통해 브랜드의 새로운 제품을 홍보하고 및 프로모션 수익
- 광고 수익

■ 목표 시장에 대한 성장전략

- 타겟 마케팅 : SNS, 블로그, 유튜브 등 다양한 온라인 채널을 활용하여 타겟 고객에게 집중적으로 마케팅을 실시한다.
- 커뮤니티 구축 : 사용자들이 제품 리뷰와 추천을 공유할 수 있는 커뮤니티를 구축하여, 사용자 간의 소통과 브랜드 충성도를 높인다.
- 파트너십 및 제휴 : 다양한 화장품 브랜드와의 제휴를 통해 더 많은 제품을 제공하고, 브랜드 인지도를 향상시킨다.
- 프리미엄 구독 옵션 : 고객에게 더 고급 제품 또는 추가 혜택을 제공하는 프리미엄 구독 옵션을 제공하여 고객의 선택 폭을 넓히고, 높은 수익을 창출한다.

■ 경쟁력 및 차별성

- 개인화된 제품 추천
- 다양한 제품 제공
- 커뮤니티 및 소셜 친화
- 지속적인 고객 지원
- 프리미엄 브랜드와의 협력

ⓜ 이미지

이미지는 창업 아이템에 대한 주요 기능 및 특징, 설계도 등이 추가된다. 사전에 준비된 실제 이미지를 넣는 것을 추천한다. 다만, 본서에서는 ChatGPT의 DALL-E3 기능을 활용하여 아래와 같이 작성한다.

이미지 생성 프롬프트는 ChatGPT가 알아서 기능을 유추하여 그림을 그리도록 유도한 것이다. 따라서 창업자에 따라 기능 하나만의 요소를 적극적으로 표현하고 싶다면, 프롬프트에 주요 기능을 직접 입력하여 그 요소를 중점으로 그리도록 유도해야 한다.

이미지는 원하는 이미지가 나올 때까지 구체적으로 '어떤 기능 위주로 그려주세요' 등의 프롬프트를 지속적으로 활용하여, 최대한 창업자의 의도에 맞는 그림을 그리도록 프롬프트를 작성하도록 하자.

이 이미지에서 활용되는 용어를 살펴보자.

예상되는 완성 이미지, 구성도, 설계도 등이 있을 것이다. 따라서 프롬프트를 이미지, 구성도, 설계도, 네트워크 구성도 등을 요청하여 아래와 같이 반복한다. 참고로, 2023년 11월 기준으로 프롬프트에 한글로 명령하는 것보다, 영어로 명령하는 것이 더 잘 적용된다. 따라서 한글과 영문으로 반복하여 원하는 이미지를 만들어보자.

ChatGPT Prompt - 이미지 1/2

창업 아이템 : *{입력해주세요}*

주요 기능을 고려하여 이미지(or 구성도 or 설계도)를 작성해주세요.

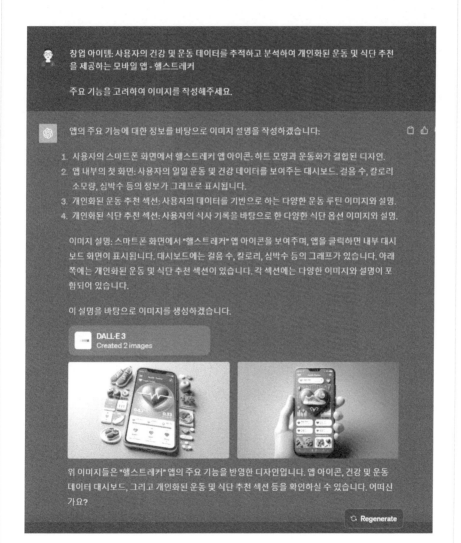

창업 아이템: 사용자의 건강 및 운동 데이터를 추적하고 분석하여 개인화된 운동 및 식단 추천을 제공하는 모바일 앱 - 헬스트레커

주요 기능을 고려하여 이미지를 작성해주세요.

앱의 주요 기능에 대한 정보를 바탕으로 이미지 설명을 작성하겠습니다:

1. 사용자의 스마트폰 화면에서 헬스트레커 앱 아이콘: 하트 모양과 운동화가 결합된 디자인.
2. 앱 내부의 첫 화면: 사용자의 일일 운동 및 건강 데이터를 보여주는 대시보드. 걸음 수, 칼로리 소모량, 심박수 등의 정보가 그래프로 표시됩니다.
3. 개인화된 운동 추천 섹션: 사용자의 데이터를 기반으로 하는 다양한 운동 루틴 이미지와 설명.
4. 개인화된 식단 추천 섹션: 사용자의 식사 기록을 바탕으로 한 다양한 식단 옵션 이미지와 설명.

이미지 설명: 스마트폰 화면에서 "헬스트레커" 앱 아이콘을 보여주며, 앱을 클릭하면 내부 대시보드 화면이 표시됩니다. 대시보드에는 걸음 수, 칼로리, 심박수 등의 그래프가 있습니다. 아래쪽에는 개인화된 운동 및 식단 추천 섹션이 있습니다. 각 섹션에는 다양한 이미지와 설명이 포함되어 있습니다.

이 설명을 바탕으로 이미지를 생성하겠습니다.

DALL·E 3
Created 2 images

위 이미지들은 "헬스트레커" 앱의 주요 기능을 반영한 디자인입니다. 앱 아이콘, 건강 및 운동 데이터 대시보드, 그리고 개인화된 운동 및 식단 추천 섹션 등을 확인하실 수 있습니다. 어떠신가요?

↻ Regenerate

모바일 앱의 예시	
Prompt	창업 아이템 : 사용자의 건강 및 운동 데이터를 추적하고 분석하여 개인화된 운동 및 식단 추천을 제공하는 모바일 앱 – 헬스트레커 주요 기능을 고려하여 <u>이미지</u>를 작성해주세요.
이미지	
앱 구성도	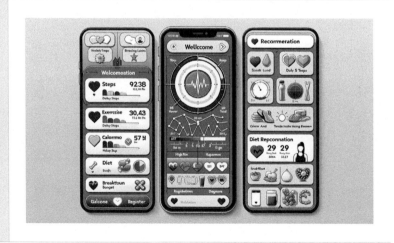

IoT 제품의 예시	
Prompt	창업 아이템 : 사용자가 원격으로 반려견의 먹이를 제공하고, 먹이 섭취량을 모니터링 할 수 있게 해주는 IOT 제품 – 펫피터 주요 기능을 고려하여 이미지를 작성해주세요.
이미지	
설계도	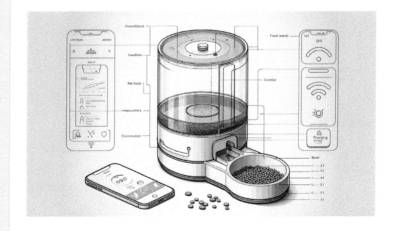

플랫폼 서비스의 예시	
Prompt	창업 아이템 : 구독자에게 매월 다양한 화장품과 스킨케어 제품을 제공하는 플랫폼 서비스 - 뷰티박스 주요 기능을 고려하여 이미지를 작성해주세요.
이미지	
웹 플랫폼 이미지	

팜테크의 예시	
Prompt	창업 아이템 : 실시간 건강 진단으로 높은 수확량 및 품질 보장하는 AI 와 IoT를 활용한 농작물 헬스케어 모니터링 시스템 - GreenGuardian 주요 기능을 고려하여 모니터링 시스템의 이미지를 작성해주세요.
모니터링 시스템의 이미지	
네트워크 구성도	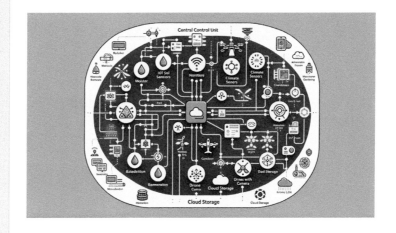

	기술 창업의 예시
Prompt	창업 아이템 : 재생에너지 최적화 스마트 그리드 EcoFlow: 소비자 중심의 에너지 관리로 친환경적이고 경제적인 전력 솔루션 제공 주요 기능을 고려하여 플랫폼 이미지를 작성해주세요.
플랫폼 이미지	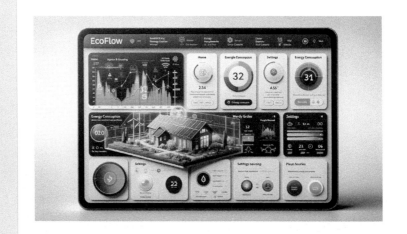
네트워크 구성도	

위의 다양한 예시를 통해, 각 아이템의 특성에 맞는 이미지의 종류(앱 이미지, 플랫폼 이미지, 웹 이미지, 구성도, 네트워크 구성도 등)를 그려보았다.

여기에서 머무르지 말고, 이런 이미지들을 바탕으로 실제 창업가가 의도하고 있는 이미지를 작성하면 좋을 것이다.

청년창업패키지

이번엔 '창업성공패키지'의 양식 바탕에 팜테크와 기술창업의 예시로 작성해보자.

창업 지원기관은 매우 다양하여 주관기관에 따라 양식이 조금씩 다르다. 하지만, 주관기관이 다르다 하더라도 사업계획서는 PSST 형식을 기반으로 하고 있고, 평가 기준도 비슷하여 본서에서 예시로 들고 있는 예비창업패키지와 창업성공패키지의 양식으로 모든 창업과제를 커버할 수 있다.

정부과제는 1개만 지원할 수 있는 것이 아니라, 중복되지 않는다면 2개 이상 복수로 지원할 수 있다. 하지만, 창업 아이템은 1개만 지원해야 하는 경우가 대부분이다. 따라서 정부과제는 여러 개를 복수로 지원하고, 선정되는 과제로 창업 아이템을 진행하는 것이 바람직하다. 창업자가 IoT 제품으로 창업하려고 한다면, 하나의 과제는 하드웨어로, 또 다른 과제는 애플리케이션으로 진행할 수 있다.

일반적으로 창업 지원 과제의 경우 23' 이전까지는 창업성공패키지가 1월, 예비창업패키지가 2월에 접수가 마감된다. 창업성공패키지의 합격자 발표를 하기 전에 예비창업패키지 접수가 시작되므로, 둘 다 지원하는 것을 추천한다. 2개의 양식을 모두 작성할 수 있다면, 그 어떤 창업 과제도 다 신청할 수 있다.

앞서 언급했듯이 대부분의 과제는 PSST 사업계획서 방식으로 주관기관에 따라 양식만 조금씩 차이가 있을 뿐, 내용에서는 큰 차이가 없기 때문이다. 따라서 예시를 바탕으로 창업자의 사업계획서를 스스로 극대화할 수 있도록 준비한다.

01   일반 현황

사업화 과제명은 2줄 정도의 길이로, 과제 선정 후, 진행하고자 하는 내용을 설명한다. 사업화 과제명은 '1. 예비창업패키지 - ② 일반 현황 - ⓓ 아이템 명'과 동일하다.

사업화 과제명은 중요한 역할을 한다. 아이템 명 하나에 하고자 하는 사업의 모든 것을 말할 수 있어야 한다. 아이템명은 '고객의 특성', '고객의 문제', '고객의 니즈 및 원츠', '고객 가치', '사용할 기술', '솔루션', '아이템 명' 등이 모두 표현되어야 좋은 사업화 과제명으로 합격할 가능성이 높아진다.

사업화 과제명	ⓐ			
신청자 성명		성별		
기업명		사업자등록번호		
		법인등록번호		
개업연월일		사업자 구분	☐ 개인사업 ☐ 법인사업 ☐ 단독대표 ☐ 공동대표 ☐ 각자대표	

사업비 구성계획	정부지원금		ⓑ	주요성과	고용	ⓒ
	대응 자금	현금			매출	
		현물			수출	
	합계				투자	

산업 및 지적재산권 등록현황

재산권 종류	산업 및 지적재산권명	등록번호(년월일)	권리권자
ⓓ			

기술개발 및 사업화 실적 (최근 3년이내 개발실적 중요도 순으로 기재)

개발과제 및 내용	개발기간	개발기관	신청자 역할	지원기관
ⓔ				

창업사업화 중복지원 검토 확인사항 (중앙정부 소관 지원사업 수행실적)

사업명	지원기관	지원기간	지원금액
ⓕ			

ⓐ 사업화 과제명

아래와 같이 ChatGPT를 활용하여 창업 아이템명을 작성해보았다. 이 부분은 이름만 '사업화 과제명'이지 내용은 동일하여 프롬프트도 동일하다.

ChatGPT Prompt - 사업화 과제명

나의 창업 아이템 개요는 아래와 같습니다.

- 티깃 고객의 특성 : *{작성해주세요}*
- 고객의 니즈 및 원츠 : *{작성해주세요}*
- 고객 가치 : *{작성해주세요}*
- 사용할 기술 : *{작성해주세요}*
- 아이템명 : *{작성해주세요}*

위의 내용들을 포함할 수 있도록 제 아이템을 한 줄로 설명해주세요.
마지막은, 아이템명으로 마무리해 주세요.

ChatGPT를 활용하여 과제명을 정할 때는, '고객의 특성', '고객의 문제', '고객의 니즈 및 원츠', '고객 가치', '사용할 기술', '솔루션', '아이템 명'등을 다양하게 넣어서, 적당한 과제명이 나올 때까지 반복하여 창업자가 생각하는 과제의 결과가 나올 때까지 진행해야 한다.

설명을 하기 위한 예시는 아래 2가지로 진행하고자 한다.

▌ [카테고리 : 팜테크 주제] 실시간 건강 진단으로 높은 수확량 및 품질 보장하는 AI와 IoT를 활용한 농작물 헬스케어 모니터링 시스템 - Green Guardian

▌ [카테고리 : 기술창업 - 재생에너지] 재생에너지 최적화 스마트 그리드 Eco Flow : 소비자 중심의 에너지 관리로 친환경적이고 경제적인 전력 솔루션 제공

ⓑ 사업비 구성계획

사업비 = 정부지원금 + 대응자금 (현금 + 현물)

예비창업자들은 사업비의 구성이 조금 복잡한 것 같지만 속성을 이해하면 간단하다.

사업비 산출 예시

① 신청 정부지원금 결정 (A)
② 총사업비 계산 = (정부지원금(A) / 0.7)
  • 계산 결과에서 1원 미만 절상하여 총사업비 금액 확정
③ 민간부담금(현금) 계산 = 총사업비 * 0.1
  • 계산 결과에서 만 원 미만 절상하여 민간부담금(현금) 금액 확정
④ 민간부담금(현물) 계산 = 총사업비 - 정부지원금 - 민간부담금(현금)

> ▌ 정부지원금 60,000,000원을 신청하고자 하는 경우
>
> • 총 사업비 : 60,000,000원 / 0.7 = 85,714,285.7원
>
>   ⇒ 85,174,286원 (1원 미만 절상)
> • 민간부담금(현금) : 85,714,286원 * 0.1 = 8,571,428.6원
>   ⇒ 8,580,000원 (만 원 미만 절상)
> • 민간부담금(현물) : 85,714,286(총사업비) - 8,580,000(현금) - 60,000,000 (정부
>   지원금) = 17,134,286원

창업성공패키지의 지원금인 최대 1억 원으로 사업비를 구성하면 아래와 같다. 엑셀 프로그램을 이용하여 정리해 보았다.

구분		금액	좌측 입력 수식
정부지원금		₩ 100,000,000	수기 입력
대응 자금	현금	₩ 14,290,000	=ROUNDUP(D5*0.1,-4)
	현물	₩ 28,567,143	=D6-D3-D4
합계		₩ 142,857,143	=ROUNDUP(D2/0.7,0.1)

그림 16► 정부지원금 계산 서식 for 엑셀

정부지원금이 최대 1억 원이 지급되므로, 사업비가 조정되는 경우를 대비하여 최대 지원금을 작성하도록 한다.

각 내용을 설명하면,

- **정부지원금** : 사업이 선정되었을 때 지원받고자 하는 금액 (최대 1억 원)
- **대응 자금(현금)** : 최종 협약이 된 후, 요청한 정부지원금이 최종 확정되었을 경우, 해당 비율로 창업자의 현금을 사업비 통장으로 이체해야 하는 금액으로, 창업자가 투자하는 금액이다. 이 단어를 '자부담'으로 표현하기도 한다.
- **대응 자금(현물)** : 현금과 같은 속성으로 창업자가 투자하는 금액인데, 현금이 아닌 인건비 등으로 투자하는 자금이다. 보통 대표자 인건비로 대체하는 경우가 대부분이다.

ⓒ 주요 성과 (고용, 매출, 수출, 투자)

'3장. 일반 개요' > '1. 예비창업패키지' > '1 신청 현황' > 'ⓒ 성과 목표(고용, 매출, 투자)'의 내용과 동일하다.

성과 목표는 사업계획서를 모두 작성한 뒤, 마지막에 작성하는 것을 추천한다. 지원사업이 선정된 뒤, 최종 사업 기간이 종료된 후 각 기업의 성과를 '우수' – '보통' – '미흡' - '실패'로 평가되기 때문이다.

성과 목표는 최종 평가에 관한 판단의 기준이 되는 지표로써 매우 중요한 지표이다. 성과 목표는 6장. **Scale-Up** (성장 전략)에서 상세하게 설명하고 있다. 전체적인 내용을 파악한 후 나온 결과를 바탕으로 현실적으로 작성하는 것이 바람직하다.

ⓓ 산업 및 지적재산권 등록현황

지적재산권은 TRL2 단계에서 미리 준비해야 한다. 지적재산권을 보유하고 있다는 의미는 언제든지 창업을 할 수 있는 기회를 확보하고 있다는 것을 객관적으로 증빙하는 것이다.

일반적으로 지적재산권은 특허를 말한다. 창업자가 특허를 획득할 수 있는 기술을 가지고 있다 해도 특허를 내려면 수백만 원의 비용을 지출해야 하기 때문에 부담스럽다. 이런 경우에는 가출원을 신청할 수 있다. 가출원은 합법적인 특허 출원 방법의 하나로, 예비출원, 임시출원이라고도 하며 정식 용어는 '특허청구범위유예출원'이다.

가출원은 '8장. 사업계획서에 대한 심도 있는 이해'에서 참고하도록 하자.

ⓔ 기술개발 및 사업화 실적

창업 과제를 지원하기 전 다른 회사에서 근무할 때 개발한 기술이 있거나 본인이 기술개발 및 사업화 실적이 있다면, 꼭 작성하도록 한다. 이 부분은 본인의 역량을 객관적으로 입증할 수 있는 영역이다.

ⓕ 창업사업화 중복지원 검토 확인사항

중복지원은 한 사업 또는 하나의 프로젝트에 대해 두 개 이상의 정부 기관이나 프로그램에서 동시에 재정 지원을 받는 것을 의미한다. 중복지원은 공공자금의 효율적 사용을 방해하고, 예산을 다양한 사업에 적절하게 분배해야 하는 취지에 어긋나 정부 지원 프로그램에서는 중복지원을 금지하고 있다.

중복 지원과 관련된 팁은, 만약 IoT를 만들 계획이 있다면 모바일 앱과 하드웨어를 따로 지원받는 것이다. 동일한 기획이라도 하드웨어와 소프트웨어 사업은 분리된 것 간주한다. 다만, 각각의 기능으로 서비스가 될 수 있도록 서비스 기획을 보완해야 한다.

창업 아이템은 처음부터 완벽하게 구현할 수 없다. 자금 및 인력 등의 범위에 따라 제품 및 서비스의 로드맵이 설정되어야 하기 때문이다. 자금을 적절히 분배하여 로드맵화 한다면 단위별 검증이 가능하고, 순차적인 자금 집행이 가능하게 된다. 자금의 로드맵을 활용하면 적절한 시점에 시장 진입을 하고, 제품의 검증도 가능해진다. 따라서 처음부터 과도한 설정을 하지 말고, 순차적으로 로드맵을 적용하는 것이 바람직하다.

02　사업화 과제 개요 (요약)

사업화 과제 소개	⑨
사업화 과제 차별성	ⓗ
국내외 목표시장	ⓘ
이미지	ⓙ

⑨ 사업화 과제 소개

사업화 과제 소개는 '3장. 일반개요' > '1. 예비창업패키지' > '③ 창업 아이템 개요' > '① 아이템 개요'와 동일한 내용이다. 따라서 ChatGPT Prompt로 작성하도록 한다.

ChatGPT Prompt - 사업화 과제 소개

- 창업 아이템 명 : *{작성해주세요}*
- 티깃하는 고객의 특성 : *{작성해주세요}*
- 고객의 니즈 및 원츠 : *{작성해주세요}*
- 고객 가치 : *{작성해주세요}*
- 사용할 기술 : *{작성해주세요}*

우리 창업 아이템의 개요를 아래와 같이 간단하게 주요 내용에 대해 개조식으로 10줄 이내로 주요내용만 작성해주세요.

◆ 핵심 기능 및 성능
◆ 고객 가치
◆ 사용 용도

ⓗ 사업화 과제 차별성

과제의 차별성은 경쟁제품과의 차별성을 말한다. 따라서 경쟁제품을 먼저 확인한 뒤, 과제의 차별성을 작성해야 한다.

따라서 이 부분은 '5장. Solution(솔루션)' - '2. 창업 아이템의 차별화 방안' - '① 경쟁제품 비교(솔루션의 차별화)' 부분을 참고하여 작성한다.

만약, 솔루션의 기능을 명확하게 하지 않았다면, 아래와 같이 힌트를 얻어 솔루션의 차별성을 작성하고, 아이템명과 차별성을 반영해도 된다.

ChatGPT Prompt - 사업화 과제 차별성 1/2

정부 창업지원과제 사업계획서를 작성 중입니다.
정부 창업지원과제의 차별성을 작성하려고 합니다.

● 창업 과제명 : *{작성해주세요}*

우리 과제의 차별성을 집필해주세요.

> 정부 창업지원과제 사업계획서를 작성 중입니다.
> 정부 창업지원과제의 차별성을 작성 하려고 합니다.
>
> ●창업 과제명: 사용자의 건강 및 운동 데이터를 추적하고 분석하여 개인화된 운동 및 식단 추천을 제공하는 모바일 앱 - 헬스트래커
>
> 우리 과제의 차별성을 집필해주세요.

"헬스트레커"의 차별성을 강조하기 위해, 현재 건강 및 운동 모바일 앱 시장의 트렌드와 특성을 바탕으로 여러 포인트를 제시하겠습니다:

1. **AI 및 챗봇 활용**: 최근 건강상담, 진료예약 및 관리 등의 서비스를 제공하는 챗봇의 활용이 늘어나고 있습니다. 특히, 챗봇의 답변 품질이 의사의 답변과 비교하여 더 높은 평가를 받았다는 사실이 돋보입니다 . "헬스트레커"에서는 개인화된 운동 및 식단 추천을 위해 고급 AI 기술을 활용하여 사용자의 건강 및 운동 데이터를 더욱 정확하게 분석할 수 있습니다.

2. **면역력 강화와 건강관리의 중요성**: 2023년, 건강 관련 큰 트렌드 중 하나는 면역력 강화입니다 . "헬스트레커"는 사용자의 건강 데이터를 분석하여 면역력을 강화할 수 있는 운동 및 식단을 개인화하여 추천해줄 수 있습니다.

3. **현대의 건강 및 운동 앱 트렌드**: 2023년에는 건강 및 운동 앱의 사용이 더욱 활발하게 이루어지며, 사용자들은 개인화된 서비스와 함께 디지털 헬스 관련 정보를 찾고 있습니다 . "헬스트레커"는 이러한 트렌드를 반영하여 사용자에게 맞춤형 건강 및 운동 정보 및 추천을 제공하며, 다양한 헬스 정보와 데이터 분석 기능을 제공하여 사용자의 건강 관리에 도움을 줍니다 .

4. **디지털 헬스의 글로벌화**: 디지털 헬스 기술과 서비스는 전 세계적으로 성장하고 있습니다 . "헬스트레커"는 한국뿐만 아니라 다른 국가의 사용자들에게도 맞춤형 서비스를 제공할 수 있도록 다양한 언어와 문화를 고려하여 서비스를 제공할 수 있습니다.

이러한 포인트들을 바탕으로 "헬스트레커"는 기존의 건강 및 운동 모바일 앱과 차별화될 수 있습니다.

① 국내외 목표시장

목표시장 분석은 창업 아이템의 시장 진입 가능성과 성공 가능성을 평가하
고, 이를 통해 효과적인 사업 전략을 수립하는 데 필요한 근거를 제공한다. 정
부 창업지원과제의 작성과 평가 과정에서 목표시장 분석은 아이템의 경제적
가치와 시장 수용도를 보여주는 중요한 부분이다. 다만, 이 부분은 요약 부분

이므로, 간략하게 작성해야 하는데, '4장. Problem(고객의 문제)' > '2. 아이템의 목표시장 분석' > '② 목표시장 분석(시장 분석)' 부분과 유사하지만, 내용을 정리해서 보여줘야 한다. 따라서 아래와 같이 활용하자.

ChatGPT Prompt - 국내외 목표시장 1/2

정부 창업지원과제 사업계획서를 작성 중입니다.
정부 창업지원과제의 국내외 목표시장을 작성하려고 합니다.

- 창업 과제명 : *{작성해주세요}*
- 국내 타깃 : 한국
- 국외 타깃 국가 : *{작성해주세요}*

위 내용에 대해서 아래와 같이 집필해주세요.

- 국내의 목표 시장 정의 및 크기
- 국외 타깃 국가별 목표 시장 정의 및 크기

인터넷을 접속하여 데이터에 근거하여 표로 작성해주세요.

정부 창업지원과제 사업계획서를 작성 중입니다.
정부 창업지원과제의 국내외 목표시장을 작성 하려고 합니다.

- 창업 과제명: 사용자의 건강 및 운동 데이터를 추적하고 분석하여 개인화된 운동 및 식단 추천을 제공하는 모바일 앱 - 헬스트레커
- 국내 타깃: 한국
- 국외 타깃 국가: 미국, 일본

위 내용에 대해서 아래와 같이 집필해주세요.
- 국내의 목표 시장 정의 및 크기
- 국외 타깃 국가별 목표 시장 정의 및 크기

인터넷을 접속하여 데이터에 근거하여 표로 작성해주세요.

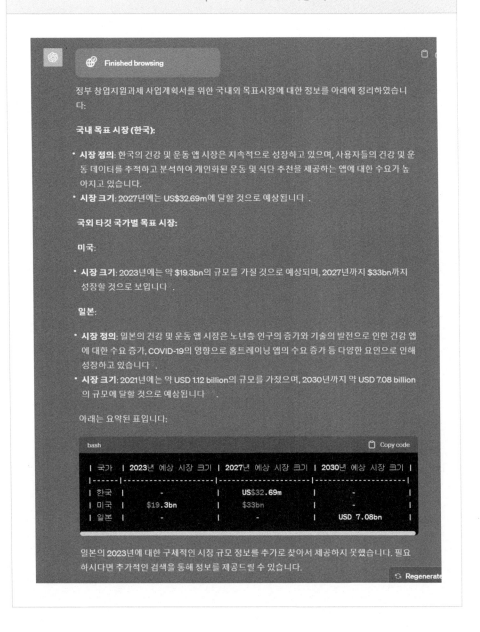

Finished browsing

정부 창업지원과제 사업계획서를 위한 국내외 목표시장에 대한 정보를 아래에 정리하였습니다:

국내 목표 시장 (한국):

- **시장 정의**: 한국의 건강 및 운동 앱 시장은 지속적으로 성장하고 있으며, 사용자들의 건강 및 운동 데이터를 추적하고 분석하여 개인화된 운동 및 식단 추천을 제공하는 앱에 대한 수요가 높아지고 있습니다.
- **시장 크기**: 2027년에는 US$32.69m에 달할 것으로 예상됩니다 .

국외 타깃 국가별 목표 시장:

미국:

- **시장 크기**: 2023년에는 약 $19.3bn의 규모를 가질 것으로 예상되며, 2027년까지 $33bn까지 성장할 것으로 보입니다 .

일본:

- **시장 정의**: 일본의 건강 및 운동 앱 시장은 노년층 인구의 증가와 기술의 발전으로 인한 건강 앱에 대한 수요 증가, COVID-19의 영향으로 홈트레이닝 앱의 수요 증가 등 다양한 요인으로 인해 성장하고 있습니다 .
- **시장 크기**: 2021년에는 약 USD 1.12 billion의 규모를 가졌으며, 2030년까지 약 USD 7.08 billion의 규모에 달할 것으로 예상됩니다 .

아래는 요약된 표입니다:

```bash
| 국가  | 2023년 예상 시장 크기 | 2027년 예상 시장 크기 | 2030년 예상 시장 크기 |
|------|-------------------|-------------------|-------------------|
| 한국  |         -         |    US$32.69m      |         -         |
| 미국  |      $19.3bn      |      $33bn        |         -         |
| 일본  |                   |        -          |     USD 7.08bn    |
```

일본의 2023년에 대한 구체적인 시장 규모 정보를 추가로 찾아서 제공하지 못했습니다. 필요하시다면 추가적인 검색을 통해 정보를 제공드릴 수 있습니다.

Regenerate

위와 같이 데이터가 출력되면, 각각의 링크를 확인한 뒤, 아래와 같이 작성한다.

국내외 목표시장 작성 예시
'사용자의 건강 및 운동 데이터를 추적하고 분석하여 개인화된 운동 및 식단 추천을 제공하는 모바일 앱 - 헬스트레커'

국가	2023	2027	2030	근거 자료
한국	–	32.69 M	–	LINK [2]
미국	19.3 B	33 B	–	LINK [3]
일본	–	–	7.08 B	LINK [4]

ⓙ 이미지

'3장. 일반개요' > '1. 예비창업패키지' > '③ 창업 아이템 개요' > 'ⓜ 아이템 개요'와 모두 동일하다.

ChatGPT Prompt - 이미지
창업 아이템 : *{입력해주세요}* 주요 기능을 고려하여 이미지(or 구성도 or 설계도)를 작성해주세요.

CHAPTER 04

Problem

(고객의 문제)

이 장에서는 _____

창업 아이템의 개발 동기와 추진 경과, 목표 시장에 대한 체계적인 분석을 제시한다. 우선 개발 동기 및 추진경과를 통해 내적, 외적 동기를 밝혀내고, 해당 아이템의 개발과 시장 진입에 대한 준비 상황을 상세히 설명한다. 또한, 해결하고자 하는 문제의 실현 가능성과 필요성, 시장 진입 가능성에 대해 평가한다.

창업과제의 선정과 성공은 고객의 실질적인 문제를 얼마나 정확하고 효과적으로 해결할 수 있는지에 큰 비중을 둔다. 창업 아이템의 개발 동기부터 목표시장 분석, 아이템의 경쟁력에 이르기까지를 체계적으로 분석하며, 이를 통해 창업 아이템의 시장 진입 가능성과 정부과제의 선정 기준을 충족하는지를 평가한다.

개발 동기 및 추진경과 섹션에서는 아이템의 개발 배경과 정부과제에 참여하게 된 내부적, 외부적 동기를 상세히 파악한다. 아이템의 개발 필요성과 정부과제를 통해 얻고자 하는 목표를 명확히 하는 것이 중요하며, 이를 통해 과제의 선정 가능성을 높일 수 있다.

아이템의 목표시장 분석 섹션에서는 고객의 문제와 그에 따른 사회적 필요성을 분석하여, 정부과제의 선정 기준과 맞물릴 수 있는 지를 평가한다. 이 과정에서 아이템의 솔루션 실현 가능성과 국내외 시장에서의 경쟁력, 시장 진입 가능성을 체계적으로 평가한다.

아이템의 목표시장 분석 섹션은 목표 시장의 분석과 경쟁 분석을 통해 아이템의 경쟁력과 차별화 방안을 제시한다. 시장의 전망과 지속 가능성, 고객 특성 분석을 통해 정부과제의 선정 기준과 얼마나 잘 맞물리는지를 평가한다.

창업자가 정부과제의 선정을 목표로 할 때, 고객의 문제를 정확하게 파악하고 이를 해결하는 아이템의 개발과 시장 진입 전략을 체계적으로 계획하도록 돕는다. 이를 통해 창업자는 정부과제의 선정 가능성을 높이며, 과제의 성공적인 수행을 위한 기반을 마련할 수 있다.

사업계획서에서 Problem은 아래의 표와 같이 구성되어 있고, 예비 창업패키지와 창업성공패키지의 경우는 아래 도표와 같이 맵핑할 수 있다. 약 7종의 기관별 사업계획서의 목차를 분석하고 실전 사업계획서의 목차를 기준으로 작성하였다.

모든 사업계획서는 본서의 목차와 동일하게 하였으며 제목만 다를 뿐, 내용은 동일하다. 서로 연결되어 있으므로, 관련 내용을 찾아 구성하도록 하자.

이 책의 목차	예비창업패키지 목차	성공창업패키지 목차
1. 개발 동기 및 추진경과		
① 내적/외적 동기	1) 외적 동기 2) 내적 동기	1) 개발 동기
② 추진 경과		
③ 해결방안	3) 해결 방안	1) 해결 방안
④ 개발 필요성	4) 개발 필요성	
⑤ 개발 목적	5) 개발 목적	2) 개발 방안
2. 아이템의 목표시장 분석		
① 고객 특성	1) 고객 세분화	
② 목표시장 분석	2) 시장의 분석	
③ 경쟁 분석		
④ 향후 전망	3) 향후 전망	

'창업성공패키지'의 경우는 아래와 같은 목차가 필요하다.

1. 문제인식(Problem)

1. 제품·서비스의 개발동기
   • 자사가 개발(보유)하고 있는 제품·서비스에 대한 개발동기 등을 기재
2. 제품·서비스의 목적 (필요성)
   • 제품(서비스)을 구현하고자 하는 목적, 고객의 니즈를 혁신적으로 해결하기 위한 방안 등을 기재

아래와 같이 목차를 재정의할 수 있다.

1. 문제인식(Problem)

1. 제품·서비스의 개발동기
   1) 개발 동기
2. 제품·서비스의 목적 (필요성)
   1) 해결 방안
   2) 제품 · 서비스의 목적

'예비창업패키지'의 경우는 아래와 같이 목차가 필요하다.

1. 문제인식(Problem)

1. 창업아이템 배경 및 필요성
   - 창업 아이템(제품, 서비스 등)을 개발(구체화) 배경과 이를 뒷받침할 근거, 동기 등을 제시
     ① 외부적 배경 및 동기(예 : 사회·경제·기술적 관점, 국내·외 시장의 문제점·기회 등)
     ② 내부적 배경 및 동기(예 : 대표자 경험, 가치관, 비전 등의 관점)
   - 배경 및 필요성에서 발견한 문제점과 해결방안, 필요성, 개발(구체화)하려는 목적 기재
   - 제품·서비스의 필요성에 대한 문제를 인식하고, 해당 제품·서비스 개발을 위해 본 사업에 신청하기 전 기획, 추진한 경과(이력) 추진 목적(해결방안) 등에 대해 기재
2. 창업아이템 목표시장(고객) 현황 분석
   - 창업 아이템 개발 배경 및 필요성에 따라 정의된 시장(고객)에 대해 제공할 혜택(가치)와 그 행위(가치)를 제공할 세부 시장(고객)을 구체화
   - 진출하려는 시장의 규모·상황 및 특성, 경쟁 강도, 향후 전망(성장성), 고객 특성 등 기재
   - 제품·서비스 개발 및 구체화 등을 통해 기대할 수 있는 효과

아래와 같이 목차를 재정의할 수 있다.

---

1. 문제인식(Problem)

1. 창업아이템 배경 및 필요성
   1) 외적 동기
   2) 내적 동기
   3) 해결 방안
   4) 필요성
   5) 목적
2. 창업아이템 목표시장(고객) 현황 분석
   1) 고객 세분화
   2) 시장의 분석
   3) 향후 전망

어떤 정부과제든 목차를 먼저 선정하고, 본 서의 목차에 대입하여 정리하면 된다. 정부과제만을 위한 사업계획서는 다른 사업계획서와 차별성이 있으니 정부 지원과제에 따라 내용을 대입한다. 정부과제의 목차는 큰 개요를 작성하여 보여주기 때문에 가독성이 떨어질 수 있으니 소항목으로 나누어 작성하면 가독성이 높아진다.

개발 동기
및 추진경과

창업은 혁신적인 아이디어와 이를 현실로 전환할 수 있는 실행력이 결합되었을 때 가능하다. 창업 아이템의 개발 동기와 추진경과를 상세히 다루어, 아이디어의 탄생 배경과 그동안의 노력을 통해 어떻게 초기 개발 단계에 이르게 되었는지를 살펴본다.

첫 부분에서는 내적 및 외적 동기를 통해 창업자의 고객 문제에 대한 절실함과 사회적 필요성에 기반한 동기를 이해한다. 이를 통해 창업 아이템이 어떤 문제를 해결하려 하는지, 문제 해결이 어떻게 사회적 가치를 창출할 수 있는지를 나타낼 수 있다.

다음으로, 추진경과에서는 창업자의 사업에 대한 의지 및 준비 상태를 검토하여 창업자의 목표를 달성하기 위한 계획과 실행력을 평가할 수 있다.

해결방안에서는 창업 아이템의 솔루션의 실현 가능성을 살펴보고, 창업 아이템의 기술적 타당성과 시장에 출시될 때의 가치를 검토한다.

개발 필요성에서는 창업 아이템의 국내외 시장 검증을 통해 아이템의 필요성과 수요를 확인하여 창업 아이템의 시장 적합성을 검증할 수 있다.

마지막으로, 개발 목적에서는 창업 아이템의 시장 진입 가능성을 평가한다. 이를 통해 창업 아이템이 경쟁력 있는 시장에 어떻게 진입하고 성장할 수 있는지에 대한 전략을 검토한다.

창업 아이템의 초기 개발 단계와 그동안의 노력, 그리고 시장 진입 전략에 대한 명확한 이해를 얻을 수 있게 되며, 이는 정부과제의 선정과 성공적인 사업 수행에 중요한 기초가 된다.

01 　내적 / 외적 동기 (고객 문제에 대한 절실함 / 사회적 필요성)

창업의지는 개인의 열정과 사회의 요구가 만나는 지점에서 발생한다. 이는 내적 동기와 외적 동기의 결합으로 볼 수 있으며, 이 두 요소는 창업 아이템의 개발과 성공에 큰 영향을 미친다.

내적 동기는 창업자의 개인적인 열정, 관심사, 또는 문제 해결의 의지에서 비롯된다. 창업자가 고객의 문제를 해결하려는 절실한 의지를 가지고 있을 때, 창업 아이템의 개발에 긍정적인 영향을 미친다. 창업자의 이러한 절실함은 창업 아이템이 고객의 문제를 정확하게 이해하고 효과적으로 해결할 수 있는 기반을 마련해준다. 이러한 내적 동기는 창업 과정에서의 어려움과 도전을 극복하는 데 필요한 원동력을 제공한다.

외적 동기는 사회적 필요성과 관련이 있으며, 이는 시장의 수요와 관련된다. 사회의 특정 문제나 필요를 해결하려는 창업 아이템은 사회적 가치를 창출할 수 있으며, 이는 시장의 긍정적인 반응과 수요를 유발한다. 외적 동기는 창업 아이템의 시장 적합성과 경쟁력을 높여준다. 사회적 필요성을 정확하게 파악하고 이를 해결할 수 있는 창업 아이템은 시장에서 성공할 가능성이 크다.

내적 동기와 외적 동기는 상호 작용하며, 이는 창업 아이템의 개발과 성공에 큰 영향을 미친다. 내적 동기가 강한 창업자는 사회적 필요성을 더 정확하게 이해하고, 이를 해결하는 창업 아이템을 개발할 수 있게 된다. 또한, 사회적 필요성이 높은 창업 아이템은 시장의 긍정적인 반응을 받을 수 있으며, 이는 창업자의 내적 동기를 더욱 강화시킨다.

내적 동기와 외적 동기는 창업자의 지속 가능한 창업 활동과 창업 아이템의 성공적인 시장 진입을 돕는다. 이러한 동기들은 창업 아이템의 개발 과정에서의 방향성을 제시하며, 창업자의 의사결정을 돕는다. 창업자가 내적 동기와 외적 동기를 잘 조화시키며 창업 활동을 진행할 때, 이는 창업 아이템의 시장 성공과 창업자의 지속 가능한 창업 활동을 가능케 한다.

이렇게 내적 동기와 외적 동기는 창업 아이템의 개발과 시장 진입, 그리고 창업자의 지속 가능한 창업 활동에 중요한 역할을 하며, 이는 창업 아이템의 성공과 창업자의 성공에 결정적인 영향을 미치게 된다.

내적 동기 작성 팁

- **개인적 경험 공유** : 자신의 개인적 경험을 공유하여 내적 동기를 명확하게 표현한다. 이는 창업자의 진정성과 고객의 문제에 대한 이해를 보여준다.
- **절실함 표현** : 고객의 문제에 대한 자신의 절실함과 해결 의지를 표현한다. 이는 창업 아이템의 필요성과 중요성을 강조한다.
- **내적 동기의 발전 과정** : 내적 동기가 어떻게 발전하였는지, 어떤 경험 또는 사건이 내적 동기를 강화하였는지를 설명한다.

- **명확한 목표 설정** : 내적 동기를 통해 달성하고자 하는 목표를 명확하게 설정하고 표현한다.

　내적 동기는 창업자 개인적인 동기가 발휘되어야 하므로, 예시로 드는 것이 한계가 있다. 사람들의 개인적인 역량과 경험 등이 대부분 매우 다양하기 때문이다. 따라서 ChatGPT로 작성한 내적 동기의 예시는 참고용으로만 사용한다.

ChatGPT Prompt – 내적 동기

정부 창업지원과제의 내적 동기를 작성하고자 한다.

과제 명 : *{작성해주세요}*
나의 기본 정보 : *{작성해주세요}*

위 내용을 기본으로 하여, 창업에 대한 절심함을 어필할 수 있는 내적 동기를
5줄 정도로 작성해주세요.

뷰티 산업에 깊은 열정을 갖고 6년 동안 디자인 직장에서 경험을 쌓아온 저는, 소비자들에게 지속적으로 변화와 혁신을 제공하는 서비스를 제안하고 싶습니다. INFT 성격으로 인해 사용자 중심의 디자인과 디테일한 부분까지 섬세한 관심을 기울이며, 뷰티박스를 통해 소비자에게 진정한 가치를 제공하고자 합니다. 현대 여성의 다양한 라이프스타일과 트렌드를 반영한 맞춤형 제품 구성을 통해, 소비자들과의 깊은 연결을 도모하고 싶습니다. 창업은 저의 뷰티에 대한 열정과 전문성을 바탕으로, 새로운 경험과 가치를 전달하는 꿈의 시작입니다.

12년 동안의 개발 경험을 바탕으로 반려견의 건강과 웰빙에 진심으로 관심을 두고 있습니다. 반려견과 함께한 시간으로부터 그들의 식습관에 대한 중요성을 깊게 느껴, 펫피터를 통해 많은 반려인에게 실질적인 도움을 제공하고 싶습니다. 사용자 중심의 개발자로서, 원격 조절 및 모니터링 기능을 통해 반려견의 건강 관리의 새로운 패러다임을 제시하고자 합니다. 창업은 저의 기술적 열정과 반려동물에 대한 사랑을 결합하여 사회에 기여하고자 하는 시작입니다. 이 기회를 통해 더 많은 반려가족들이 안심하고 그들의 사랑하는 동물들의 건강을 지킬 수 있도록 도와주고 싶습니다.

위의 예시처럼, 내적 동기는 개인적인 경험과 역량이 해당 아이템을 왜 만들게 되었는지, 왜 만들고자 하는 것인지를 작성하는 부분이다. 대표자의 실패이력도 어필하면 좋은 포인트가 될 수 있다.

외적 동기 작성 팁

■ **사회적 문제 파악** : 사회적 문제를 명확하게 파악하고, 그 문제가 얼마나 중요한지, 어떤 사회적 영향을 미치는지를 잘 표현한다.

■ **시장 조사 및 데이터 활용** : 외적 동기를 뒷받침하기 위해 실제 시장 조사와 데이터를 활용한다. 이는 외적 동기의 타당성을 보여준다.

■ **현실적인 해결방안 제시** : 사회적 문제를 해결하기 위한 현실적인 해결방안을 제시한다. 외적 동기를 통해 어떻게 사회적 가치를 창출할 수 있는지를 보여준다.

■ **외부 인증 및 지원** : 가능하다면 외부 기관의 인증, 후원, 또는 지원을 얻어 외적 동기의 신뢰성을 높인다.

외적 동기는 사회·경제·기술 분야 국내·외 시장의 문제점·기회 등을 표현하는 것으로, ChatGPT의 활용 방법은 아래와 같다.

ChatGPT Prompt - 내적 동기

정부 창업지원과제의 외적 동기를 작성하고자 합니다.

과제 명 : *{작성해주세요}*

위 내용을 기본으로 하여, 창업 아이템에 대한 문제에 대한 공감대 형성과 사회적 필요성을 어필할 수 있는 외적 동기를 5줄 정도로 작성해주세요.

사회적 이슈에 대한 공감대를 어필하기 위해서는 근거의 증명을 위해 객관적인 데이터 및 통계에 대한 수치를 활용해 주세요. (인터넷을 접속하여 최신 정보와 출처 표기 필요)

■ 재생에너지 통합 및 관리의 효율성 : 스마트 그리드는 고급 기술을 활용하여 재생에
너지 소스를 효과적으로 통합하고 관리함으로써, 전력 그리드의 효율성을 높이는 데
기여합니다. 스마트 그리드의 도입은 고도의 컴퓨팅 기술을 필요로 하며, 이를 통해
높은 분산 및 간헐적인 부하를 관리하고 최적화할 수 있습니다.
(출처: www.weforum.org)

■ 재생에너지의 증가와 분산 발전의 확대 : 스마트 그리드는 기존에 도달할 수 없었던 수
준의 재생에너지 소스와 분산 발전을 지원함으로써, 전력 시스템의 확장성을 제공합니
다. 스마트 그리드 도입의 사회적 케이스는 기본적이고 지속적이며 실질적인 것으로, 이
를 통해 20년 동안 $46 billion에서 $117 billion의 이익을 얻을 수 있습니다.
(출처: www.energy.gov)

■ 재생에너지의 투입 증가 : 스마트 그리드 관리는 재생에너지의 전력 그리드 투입을
증가시키며, 이는 전통적인 화석 연료에 비해 더 불확실한 공급을 초래합니다. 스마
트 그리드는 더 똑똑하고 시기 적절한 데이터 분석을 통해 그리드 효율성을 높이고
탄소 배출량을 절약할 수 있게 합니다. (출처: cordis.europa.eu)

■ 탄소 중립 목표 달성 지원 : 전 세계적으로 탄소 중립을 달성하기 위한 노력은 재생
에너지 소스의 빠른 성장을 촉진하였으며, 스마트 그리드는 많은 국가에서 2050년까
지 탄소 중립의 비전을 충족하기 위해 재생에너지 소스를 능숙하게 통합하는 명령을
받았습니다. (출처: www.frontiersin.org)

- 자동 및 스마트 반려동물 급식기 시장의 성장 : 자동 및 스마트 반려동물 급식기 시장의 규모는 2022년에 10억 달러를 초과하였으며, 2023년부터 2032년까지 연평균 성장률(CAGR)이 15% 이상으로 예상된다. 이러한 성장은 스마트 홈 자동화의 발전과 반려동물 모니터링에 대한 높아진 수요에 기인하며, 이러한 추세는 펫피터 제품의 시장에 대한 가능성을 보여준다. (출처: www.gminsights.com)

- 디지털화와 스마트 홈 기술의 수용 : 반려동물 소유자들은 디지털화와 스마트 홈 기술을 수용하면서 스마트 반려동물 급식기를 인기를 얻고 있다. 스마트 기술의 통합으로 인해 일부 급식기는 가상 개인 비서, 예를 들어 Amazon Alexa와 같은 기기로 제어될 수 있게 되었다. (출처: www.gminsights.com)

- 반려동물 관리의 편리성 증대 : 바쁜 일상 속에서도 반려동물의 급식과 관리를 효율적으로 수행할 수 있도록 돕는 새로운 기술이 개발되고 있다. IoT 기반의 자동 반려동물 급식 시스템은 반려동물 소유자들이 그들의 반려동물을 챙기는 데 도움을 줄 수 있다. (출처: ieeexplore.ieee.org)

- 반려동물 산업의 금융적 성장 : COVID-19 팬데믹 동안 사람들이 집에서 더 많은 시간을 보내면서 반려동물 및 관련 액세서리의 수요가 증가하였다. 이는 반려동물 급식, 수의사 치료, 장난감 및 그루밍 요구사항과 같은 다양한 반려동물 산업 부문의 금융적 성장을 촉진했다. (출처: www.gminsights.com)

- 반려동물 건강 및 체중 관리의 중요성 인식 증대 : 반려동물의 비만률 상승으로 인해 자동 급식기에 대한 수요가 증가하였다. 이는 반려동물의 건강과 체중 관리에 대한 인식을 증대시키고, 이에 따라 펫피터와 같은 제품이 반려동물 소유자들에게 도움을 줄 수 있다. (출처: www.gminsights.com)

위의 예시처럼, 외적 동기는 우리 아이템이 포함하는 사회적인 이슈에 대해 분석하고, 트렌드 속에 우리 아이템이 있음을 인식시킨다.

02 추진 경과 (사업에 대한 의지 및 준비)

추진 경과는 창업 아이디어의 탄생부터 현재까지의 진전을 나타내는 부분으로, 창업자의 사업에 대한 의지와 준비를 평가하는 중요한 지표로 작용한다. 특히 정부 창업지원과제의 경우, TRL 1과 TRL 2의 단계에서 어떤 준비를 했는지 명확히 보여주는 것이 중요하다.

물론, 완벽한 준비는 없다. 사실, 완벽하다면 굳이 정부과제가 필요 없다. 따라서 사실에 근거하여 작성하되 부족한 점은 합격하기 전에 준비를 완료하여 창업 과제를 진행하는 데 문제가 없도록 해야 한다. 정부 지원과제는 창업의 가속화를 위한 것이지, 아무것도 없는 상태에서 창업을 시작하게 도와주는 것이 아니다.

추진 경과에 들어가는 기본적인 내용에 대해 알아보자.

아이디어의 탄생 (TRL 1 단계)

- 창업 아이디어의 탄생은 보통 개인의 관심사나 시장에서 발견된 문제점에서 시작된다. 이 단계에서는 아이디어를 형상화하고 기술적 타당성을 검토한다.

- 창업자는 아이디어를 가지고 해결하려는 문제점과 기대 효과에 대해 기술하며, 기초적인 시장 조사를 수행하여 아이디어의 시장 가능성을 확인한다.

기초 연구 및 시장 조사 (TRL 2 단계)

- TRL 2 단계에서는 아이디어의 기술적 및 시장적 가능성을 좀 더 깊게 연구한다. 창업자는 아이디어의 핵심 기술과 시장의 수용 가능성, 경쟁 상황 등을 분석한다.
- 잠재적인 고객, 파트너, 투자자 등과의 인터뷰나 설문조사를 통해 아이디어에 대한 피드백을 수집하고, 이를 토대로 아이디어를 더욱 개선한다.
- TRL 2 단계의 연구를 바탕으로 프로토타입 개발 계획을 수립한다. 이 단계에서는 어떤 기술이나 자원이 필요한지, 개발 일정과 예산은 어떻게 되는지 등을 구체적으로 계획한다.
- 이 계획은 창업자의 사업에 대한 준비와 의지를 보여주는 중요한 부분으로, 정부 창업지원과제의 평가에서 높은 점수를 받을 수 있도록 자세히 작성해야 한다.

팀 빌딩 및 파트너십 형성

- 효과적인 추진을 위해 필요한 인력을 모집하고, 관련 업계와의 파트너십을 구축한다. 팀의 구성과 역량, 파트너십의 형태와 목적 등을 명확히 기술한다.

자금 조달 계획

■ 프로젝트의 성공적인 추진을 위해 필요한 자금 조달 계획을 수립한다. 얼마나 많은 자금이 필요하고, 이를 어떻게 조달할 것인지에 대한 계획을 세운다.

추진 경과는 창업자의 준비도와 사업에 대한 의지를 평가받는 중요한 부분으로, 이를 통해 평가자는 창업자의 사업 계획이 얼마나 체계적이고 실현 가능한지를 판단한다. TRL 1과 TRL 2 단계에서의 성공적인 준비는 창업자의 사업 계획이 기술적으로 타당하며 시장에 적합하다는 것을 보여주는 중요한 지표로 작용한다.

ChatGPT를 아래와 같이 활용할 수 있다.

ChatGPT Prompt - 추진 경과

정부 창업지원과제의 '추진 경과'를 작성하려고 합니다.

- 과제 명 : *{작성해주세요}*
- 현재까지 준비 내용 : *{구체적으로 작성해주세요}*

위 내용을 기본으로 하여, 창업 지원사업에 선정될 수 있도록, TRL1과 TRL2까지 준비하였음을 포인트로 작성해주세요.

'추진 경과' 작성 예시 @

'구독자에게 매월 다양한 화장품과 스킨케어 제품을 제공하는 – 뷰티박스'

■ 기술 개념의 검증

- 아이디어 구상 : 구독 기반의 뷰티박스 서비스 아이디어를 구상하였으며, 이를 통해 사용자에게 매월 다양한 화장품과 스킨케어 제품을 제공하려는 계획을 세웠습니다.
- 시장 조사 : 타깃 고객층의 필요와 기대를 파악하고, 유사 서비스의 시장 경쟁력 분석을 수행하였습니다.
- 기술 타당성 검증 : 구독 서비스 플랫폼 구축에 필요한 기술적 요소와 인프라를 조사하고, 기초적인 기술 타당성을 검증하였습니다.

■ 기술 개념의 구체화

- 비즈니스 모델 개발 : 구독자에게 매월 다양한 화장품과 스킨케어 제품을 제공하는 비즈니스 모델을 개발하였습니다.
- 제휴 협상 파트너 대상 조사 : 화장품 및 스킨케어 제품 제공 업체의 조사를 하였습니다.
- 프로토타입 개발 : 서비스 플랫폼의 초기 프로토타입을 개발하였으며, 타깃 고객층에게 프로토타입을 테스트하고 피드백을 수집하였습니다.

■ 문제 정의 및 시장 조사

- 국내외 농작업의 주요 문제점과 시장의 필요성을 분석하였으며, 이를 해결하기 위한 초기 개념을 도출하였습니다.
- 현장 농부들과의 인터뷰를 통해 농작업의 실질적인 문제를 이해하고, 이를 해결할 수 있는 기술적 접근법을 모색하였습니다.

■ 기술 탐색

- AI와 IoT 기술의 농업 분야에서의 적용 가능성을 조사하였습니다.
- 관련 기술 및 제품의 트렌드를 조사하며, 기술의 초기 개념을 더욱 구체화했습니다.

■ 개념 증명(Proof of Concept, PoC)

- GreenGuardian 시스템의 기본 구조와 작동 원리에 대한 초기 개념을 설계하였습니다.
- 예비 실험을 통해 AI와 IoT 기술이 농작물의 건강 상태 진단에 어떻게 도움이 될 수 있는지 검증하였습니다.

■ 프로젝트 팀 구성 및 파트너십

- 프로젝트 팀 구성을 계획하였으며, 기술 개발 및 시장 진출을 위한 파트너십을 조사하였습니다.
- 기술 및 시장 진입 가능성을 더욱 확장하기 위하여, 관련 전문가 및 협력할 수 있는 기관 등을 조사하였습니다.

추진 경과는 TRL 1과 TRL 2를 진행하고 있음을 입증해야 하며, 각각에 대한 증빙 사진 및 데이터를 첨부하여 신뢰도를 높여야 한다.

03 해결방안 (솔루션의 실현 가능성)

　해결방안은 고객의 문제나 필요를 충족시키기 위해 제시되는 방안이며, 이는 창업 아이템의 중심이 된다. 솔루션의 실현 가능성은 해당 솔루션을 시장에 성공적으로 도입하고 유지하기 위한 여러 요인을 고려하여 평가된다. 이 부분에서는 기술적, 경제적, 시장적 실현 가능성을 중점적으로 분석하며, 다음과 같은 내용을 포함한다.

기술적 실현 가능성 분석

- 기술의 성숙도(Technology Readiness Level, TRL)를 평가하여, 기술 개발 단계와 현재 기술의 준비도를 확인한다.
- 기술적 장벽과 이를 극복하기 위한 방안을 제시하며, 필요한 경우 기술 개발 일정과 예산을 계획한다.

경제적 실현 가능성 분석

- 제품이나 서비스의 생산 비용, 가격 책정, 수익 모델을 분석하여 경제적 이익을 예측한다.
- 초기 투자 비용과 운영 비용을 계산하고, 이를 통해 솔루션의 경제적 효용을 평가한다.

시장적 실현 가능성 분석

- 타겟 시장의 크기와 성장률, 경쟁 상황, 고객의 수용도를 분석한다.

- 시장의 니즈와 트렌드를 파악하고, 이를 기반으로 제품이나 서비스의 시장 진입 전략을 수립한다.

솔루션의 검증

- 프로토타입 개발, 테스트 마케팅, 시장조사 등을 통해 솔루션의 실현 가능성을 검증한다.
- 고객 피드백과 전문가 의견을 수렴하여 솔루션의 개선 방안을 도출한다.

해결방안의 실현 가능성을 체계적으로 분석하고 평가하는 것은 창업자가 솔루션의 가치와 시장 진입 가능성을 명확히 인식할 수 있게 하며, 평가자에게도 창업 아이템의 잠재력과 신뢰성을 보여줄 수 있다. 이는 창업 과제의 성공적인 진행을 위한 기반을 마련하는 중요한 단계이다.

ChatGPT를 아래와 같이 활용할 수 있다.

ChatGPT Prompt - 해결 방안

정부 창업지원과제의 '해결방안'를 작성하려고 합니다.

- 과제 명 : *{작성해주세요}*

위 내용을 기본으로 하여, 아래의 소 목차를 개조적으로 작성해주세요.

- 기술적 실현 가능성 분석
- 경제적 실현 가능성 분석
- 시장적 실현 가능성 분석
- 솔루션의 검증

(단, 인터넷을 접속하여, 각각의 주요 내용을 데이터(수치)로 표현해 주세요.)

'사용자의 건강 및 운동 데이터를 추적하고 분석하여 개인화된
운동 및 식단 추천을 제공하는 모바일 앱 – 헬스트레커'

■ 기술적 실현 가능성

– 모바일 앱 개발 : 과거 연구에서 모바일 앱을 사용하여 건강과 운동 데이터를 추적하고 개인화된 운동 및 식단 추천을 제공하는 것이 기술적으로 실행 가능함을 확인하였습니다.
– 센서 기술 : 스마트폰의 고급 기능들(GPS, 블루투스, 모션 센싱 등)을 활용하여 사용자의 위치를 추적하고 실시간 건강 데이터를 수집할 수 있습니다. (출처 : 링크 [5])

■ 경제적 실현 가능성 분석

– 비용과 수익 모델 : 모바일 앱 개발에 필요한 비용과 예상 수익, 그리고 순이익을 분석하여 프로젝트의 경제적 실행 가능성을 평가하였습니다. (출처 : 링크 [6])

■ 시장적 실현 가능성 분석

– GreenGuardian 시스템의 기본 구조와 작동 원리에 대한 초기 개념을 설계하였습니다.
– 시장 크기 및 성장률 : 글로벌 피트니스 앱 시장은 2022년에 13억 달러로 평가되었으며, 2023년부터 2030년까지 연평균 성장률 17.6%로 예상되었습니다. (출처 : 링크 [7])

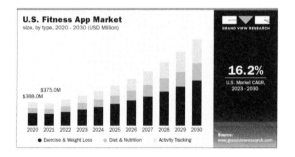

■ 솔루션의 검증

– 프로토타입 테스트 : 개인화된 운동 추천 시스템의 효과를 검증하기 위한 사용자 연구를 실시하였으며, 이러한 검증을 통해 시스템의 개선 사항을 도출하였습니다.

'해결 방안' 작성 예시 ⓑ

'재생에너지 최적화 스마트 그리드 EcoFlow : 소비자 중심의 에너지 관리로 친환경적이고 경제적인 전력 솔루션 제공'

■ 기술적 실현 가능성

- 스마트 그리드 기술의 발전 : 여러 국가에서는 재생 에너지의 높은 수준의 그리드 통합이 기술적으로도 경제적으로도 실현 가능함을 증명하고 있으며, 특히 태양광과 풍력 기술이 경제적으로 그리드 패러티에 도달함에 따라 이러한 가능성이 더욱 확대되고 있습니다. (출처 : 링크 [8])
- 에너지 저장 기술 (EST) : 에너지 저장 기술은 재생 에너지 소스의 통합을 지원하여 전력 시스템의 균형과 유연성을 제공합니다. (출처 : 링크 [9])
- 스마트 그리드 모델링 및 에너지 저장 : 싱크로페이저, 고급 그리드 모델링 및 에너지 저장과 같은 연구를 통해 신뢰할 수 있고 회복력 있는 스마트 그리드 개발을 지원합니다. (출처 : 링크 [10])

■ 경제적 실현 가능성 분석

- 비용-효익 분석 : 스마트 그리드 기술은 변수 재생 에너지의 통합을 가능하게 하며, 이는 전기 그리드를 더욱 유연하게 만들어 경제적 이점을 제공합니다. [11]
- 경제 및 지속 가능성 이점 : 스마트 그리드와 마이크로그리드는 전기 그리드의 신뢰성과 지속 가능성을 향상시키는 데 필요합니다. (출처 : 링크 [12])

■ 시장적 실현 가능성 분석

- 시장 크기 및 투자 : 스마트 그리드 개발에 대한 투자는 미국 역사상 가장 큰 그리드 현대화 투자로, 약 100억 달러의 투자가 이루어지고 있으며, 이는 에너지 산업의 변화를 주도할 것입니다. (출처 : 링크 [13])
- 글로벌 스마트 그리드 시장 예측 : 2021년부터 2028년까지 글로벌 스마트 그리드 시장은 연평균 성장률 21.9%로 성장하여 2028년에는 140.53억 달러에 이를 것으로 예상됩니다. (출처 : 링크 [14])

■ 솔루션의 검증

- 시간 스케줄링 및 에너지 최적화 : 스마트 그리드에서의 부하 스케줄링, 배터리 에너지 저장 제어 및 사용자의 편안함 개선은 에너지 최적화의 중요한 문제로, 이를 통해 에너지 관리의 효율성을 검증할 수 있습니다. (출처 : 링크 [15])

개발 필요성 (국내외 시장 검증)

개발의 필요성은 다양한 의미를 포함하고 있으며, 비즈니스적 입장에서는 간단하게 돈이 '될 것 같아서!'라는 의미이다.

개발의 목적은 크게 2가지로 나뉜다. 창업자의 창업 아이템이 문제의 원인이 고객(개인)으로부터 기인하는지 아니면 사회로부터 기인하는지를 체크해야 한다.

고객(개인)의 다양한 Pain 포인트 또는 Gain 포인트로부터 발생하는 고객의 Needs 또는 Wants를 해소하기 위함이라 아래와 같은 목차가 필요하다.

고객(개인)의 문제점

- 고객의 Pain / Gain
- 고객의 Needs / Wants

다른 경우는 사회적인 문제점이다. 예를 들어 빈곤층이 너무 많아져서 문제가 된다거나, 고령화 사회로 진입하면서 고령 인구가 많아지거나, 경제 인구가 줄어서 문제가 되는 경우 등…. 이런 경우는 아래의 목차가 필요하다.

사회적인 문제점

- 사회적인 Pain / Gain Point
- 사회적인 Needs / Wnats

개인적이냐, 사회적이냐를 좀 더 구분해서 이해해 보기로 한다.

► 개발 필요성의 분석

구분	창업 아이템 예시	Gain / Pain Point	Needs	Wants
개인의 Pain	온라인 예약 시스템 개발	예약이 복잡하고 시간이 오래 걸린다.	효율적이고 간편한 예약 시스템	모바일 앱을 통한 실시간 예약 및 확인 기능
	펫 시터 서비스	애완동물을 돌볼 시간이 부족하다.	신뢰할 수 있는 애완동물 관리 서비스	애완동물의 상태를 실시간으로 확인할 수 있는 모바일 앱
개인의 Gain	퍼스널 트레이닝 앱	개인화된 운동 계획을 제공한다.	효과적인 운동 계획	원격 트레이닝 지원
	온라인 취미 클래스 플랫폼	새로운 취미를 배울 기회를 제공한다.	다양한 취미 클래스 옵션	커뮤니티 기능을 통한 학습자들과의 네트워킹
사회적 Pain	재활용 플랫폼	재활용이 어렵고 비효율적이다.	효율적인 재활용 시스템	재활용을 통한 포인트 적립 시스템
	노인을 위한 모바일 헬스 케어 서비스	노인의 건강 관리 접근성이 낮다.	접근성이 높은 건강 관리 서비스	가족과의 연결을 통한 건강 상태 공유
사회적 Gain	에코 투어리즘	환경 보호와 지역 경제 발전을 동시에 추구한다.	지속 가능한 관광 활동	에코 투어리즘 인증 및 교육 프로그램
	지역 커뮤니티 기반의 공유 경제 플랫폼	지역 경제 활성화와 자원의 효율적 사용을 돕는다.	지역 커뮤니티의 자원 공유	지역 경제에 기여하며 동시에 소비를 줄이기

위와 같이 개인적인 문제인지, 사회적인 문제인지를 파악한 뒤, 그에 따라 창업 아이템이 시장에 어떻게 받아들여질지를 예측하는 단계로, 개인의 문제점인 경우는 아래의 분석이 필요하다.

국내외 시장 동향 분석

- 국내외 시장의 동향과 성장률, 주요 플레이어, 시장의 크기 등을 분석하여 창업 아이템의 시장 진입 가능성을 평가한다.
- 전세계적인 시장 동향과 소비자의 선호도 변화, 기술 발전의 흐름 등을 파악하여 창업 아이템의 전략적 위치를 정립한다.

사회적 문제점으로부터 기인한 창업 아이템이라면, 지금까지 해당 제품이 왜 없었을까를 분석해야 한다.

타깃 국가의 법규 및 정책 환경 분석

- 타깃 국가 시장에서의 법규 및 정책 환경을 분석하여 창업 아이템의 시장 진입 장벽과 기회를 파악한다.
- 정부의 지원 프로그램이나 산업 정책의 변화를 모니터링하여 창업 아이템의 시장 진입 전략을 조절한다.

이 '개발 필요성'을 종합적으로 도식화하면, 아래와 같다.

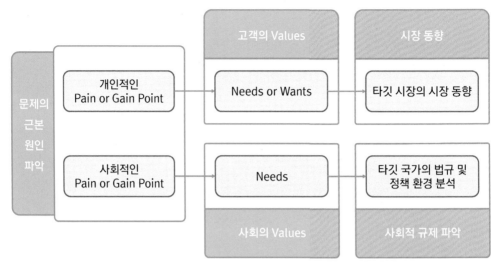

그림 17► 개발 필요성 도식화

이처럼 개인적인 문제는 '문제의 원인' → '고객의 Value' → '타깃 시장의 시장 동향'을 목차로 구성해야 한다.

반면, 사회적인 문제는 사회적인 문제는 '문제의 원인' → '사회적인 Value' → '타깃 국가의 법규 및 정책 환경 분석'의 목차로 구성해야 한다.

개인적인 Pain 및 Gain으로부터 시작된 창업 아이템 개발의 필요성에 대한 목차는 다음과 같다.

고객의 문제점

- 고객의 Pain / Gain Point
- 고객의 Needs / Wants Point

국내외 시장 동향 분석

- 국내외 시장의 동향과 성장률, 주요 플레이어, 시장의 크기 등을 분석하여 창업 아이템의 시장 진입 가능성을 평가한다.
- 전세계적인 시장 동향과 소비자의 선호도 변화, 기술 발전의 흐름 등을 파악하여 창업 아이템의 전략적 위치를 정립한다.

사회적인 Pain 및 Gain으로부터 시작된 창업 아이템의 목차는 아래처럼 구성되어야 한다.

사회적인 문제점

- 사회적인 Pain / Gain Point
- 사회적인 Needs / Wnats Point

타깃 국가의 법규 및 정책 환경 분석

- 타깃 국가 시장에서의 법규 및 정책 환경을 분석하여 창업 아이템의 시장 진입 장벽과 기회를 파악한다.
- 정부의 지원 프로그램이나 산업 정책의 변화를 모니터링하여 창업 아이템의 시장 진입 전략을 조절한다.

ChatGPT를 활용하려면 개인적인 문제를 해결하려고 하는지, 아니면, 사회적인 문제를 해결하고자 하는 것인지에 대해 먼저 분석하고, 개인적인 문제로부터 기인한다면, 아래와 같이 활용하면 된다.

ChatGPT Prompt - 개발의 필요성 For 개인적 니즈

정부 창업지원과제의 '개발의 필요성'을 작성하려고 합니다.

- 과제 명 : *{작성해주세요}*

위 내용을 기본으로 하여, 아래의 소 목차를 개조적으로 작성해주세요.

- 고객의 Pain / Gain Point
- 고객의 Needs / Wants Point
- 국내외 시장의 동향과 성장률, 주요 플레이어, 시장의 크기 등을 분석하여 창업 아이템의 시장 진입 가능성의 평가

(단, 인터넷을 접속하여, 각각의 주요 내용을 데이터(수치)로 표현해 주세요.)

ChatGPT Prompt - 개발의 필요성 For 개인적 니즈

정부 창업지원과제의 '개발의 필요성'을 작성하려고 합니다.

- 과제 명 : *{작성해주세요}*
- 타깃 국가 : *{작성해주세요}*

위 내용을 기본으로 하여, 아래의 소 목차를 개조적으로 작성해주세요.

- 사회적인 Pain / Gain Point
- 사회적인 Needs / Wnats Point
- 타깃 국가의 법규 및 정책 환경 분석
- 창업 아이템의 시장 진입 장벽과 기회

(단, 인터넷을 접속하여, 각각의 주요 내용을 데이터(수치)로 표현해 주세요.)

사회적인 문제로부터 기인한다면, 아래처럼 활용하면 된다.

'개발의 필요성' 작성 예시 ⓐ

'사용자의 건강 및 운동 데이터를 추적하고 분석하여 개인화된 운동 및 식단 추천을 제공하는 모바일 앱 – 핼스트레커'

■ 고객의 Pain / Gain Point

- 고객의 고통점(Pain Points) : 제품 발견부터 구매까지의 고객 여정에서의 고통점을 이해하는 것이 중요하며, 이는 뷰티 브랜드 성장에 필수적입니다. 특히 뷰티 상품의 다양성으로 인해 고객들이 어떤 제품을 선택해야 할지 혼란스러워할 수 있으며, 이런 상황에서 구독 서비스는 고객에게 큰 도움을 제공할 수 있습니다.
- 고객의 이익점(Gain Points) : 뷰티 및 개인 관리 제품(27.6%)이 포함된 구독 상자를 선호하며, 이러한 제품들은 고객에게 필요하고 실용적인 아이템으로 평가됩니다.

■ 고객의 Needs / Wants Point

- 고객의 필요(Needs) : 구독 서비스를 통해 제품을 꾸준히 제공받아, 일상생활에서 필요한 뷰티 및 스킨케어 제품을 손쉽게 구할 수 있습니다.
- 고객의 욕구(Wants) : 개인화된 뷰티 제품을 통해 자신만의 스타일을 찾고, 또한 소셜 미디어 영향자의 추천을 통해 새로운 제품을 발견하고자 합니다.

■ 시장 동향 분석

- 시장의 크기 및 성장률 : 글로벌 뷰티 구독 시장은 2022년에 약 7억 2,370만 달러에 달하였으며, 2023년부터 2033년까지 연평균 성장률(CAGR)은 26.7%로 예상되며, 이에 따라 2033년에는 시장 규모가 102억 달러에 이를 것으로 전망됩니다.
- 주요 플레이어 : 주요 플레이어로는 Ipsy, Lookfantastic, Walmart Beauty Box, Sephora, Hero cosmetics, Boxy Charm 등이 있으며, 이들은 뷰티 구독 시장에서 중요한 위치를 차지하고 있습니다.
- 시장 동향 : 구독 서비스 모델은 뷰티 제품 시장에서 중요한 위치를 차지하고 있으며, 특히 소셜 미디어 영향자의 추천 및 리뷰를 통해 구독 서비스의 인지도가 높아지고 있습니다. 또한, 미국에서는 고소득층 소비자들이 2022년 상반기에 화장품에 90억 달러 이상을 소비하였으며, 이러한 소비자들의 뷰티 제품에 대한 지출이 전년 대비 14% 증가하였습니다.

**'실시간 건강 진단으로 높은 수확량 및 품질 보장하는 AI와 IoT를 활용한
농작물 헬스케어 모니터링 시스템 - GreenGuardian'**

■ 사회적인 Pain / Gain Point

- 실시간 건강 진단의 중요성: 실시간 건강 진단 기술은 농작물의 영양 상태, 수분 흡수, 토양 매개변수 등을 모니터링하여 농작물의 건강을 유지하고 환경에 미치는 영향을 평가할 수 있게 해줍니다.
- 기계 관련 부상의 발생률: 2020년 한국의 농업, 임업 및 어업 인구 조사에 따르면 한국에는 약 103만 개의 농장이 있으며, 농업 인구는 약 230만명으로 전체 인구의 4.5%를 차지합니다. 이러한 데이터는 농작물 건강 모니터링 시스템의 필요성을 강조합니다.

■ 고객의 Needs / Wants Point

- 지속 가능한 농업 실천을 위한 실시간 토양 건강 관리: 실시간 모니터링 기술은 농업의 지속 가능성을 향상시키고 농작물 생산성을 높일 수 있습니다.
- 농업 가뭄 모니터링 시스템 개발: 농업 가뭄 모니터링 시스템을 위해 고해상도 토양 수분 추정이 수행되었습니다.

■ 타깃 국가의 법규 및 정책 환경 분석

- 한국은 스마트 농업 분야에서 정책 지원을 확대하고 있습니다. 2014년에 220억 원에서 2018년에는 761억 원으로 스마트 팜 지원 예산이 증가하였습니다.
- 또한 2021년에는 '포용, 도약: 한국 2021'이라는 비즈니스 계획을 발표하여 COVID-19 회복을 지원하는 '한국의 새로운 거래' 전략과 연계시키려고 하였습니다. 무역 정책으로는 농업에 적용되는 관세와 TRQs(Tariff Rate Quotas)가 주요 조치로, 인쿼타 관세율은 0%에서 50% 사이이며, 아웃오브쿼터 관세율은 9%에서 887% 사이입니다.

■ 창업 아이템의 시장 진입 장벽과 기회

- 코로나19 팬데믹 이후 스마트 농업은 노동력 부족과 지속 가능한 식품 공급 체인에 대한 적절한 해결책으로 제시되었으며, 미국과 한국은 이러한 스마트 농업 솔루션을 위한 종합적인 비전과 프레임워크를 구축하였습니다.
- 한국의 IoT 시장은 2023년부터 2028년까지 12.18% 성장할 것으로 예상되며, 2028년에는 28.25억 달러의 시장 규모를 기록할 것으로 전망되고 있습니다.

창업 아이템의 개발 목적은 무엇일까?

개발의 필요성은 돈이 '될 것 같아서!'라는 의미였지만 개발의 목적은 '돈을 벌기 위해서!'일 것이다.

개발의 목적을 창업 '아이템의 가치'로 이해한다면 고객의 니즈와 원츠를 발견하고 제품을 만드니까, '제품의 가치는 이렇다.!'라고 이해하면 쉬울 것이다.

'목적'이라는 단어는 생각에 따라 모호한 단어로 인식되지만 많은 사업계획서를 작성할 때는 명확하게 목적을 표기해야 한다.

ChatGPT를 활용하여 다음과 같이 사용해보자.

ChatGPT Prompt – 개발의 필요성 For 개인적 니즈

정부 창업지원과제의 '창업 아이템의 가치'를 작성하려고 합니다.

– 과제 명 : *{작성해주세요}*

위 내용을 기본으로 하여, 개발의 목적을 작성해주세요.

'실시간 건강 진단으로 높은 수확량 및 품질 보장하는 AI와 IoT를 활용한
농작물 헬스케어 모니터링 시스템 – GreenGuardian'

- 농작물의 실시간 건강 진단 : AI와 IoT 기술을 활용하여 농작물의 건강 상태를 실시 간으로 모니터링하고 분석함으로써, 농민들이 농작물의 건강 상태를 즉시 알 수 있도 록 합니다.

- 수확량 및 품질 향상 : 실시간 모니터링을 통해 발견된 농작물의 건강 문제를 빠르게 해결함으로써, 농작물의 수확량과 품질을 향상시킵니다.

- 지속 가능한 농업 실현 : 농작물의 건강 상태를 효과적으로 관리하고 최적의 농작업 조건을 제공함으로써 지속 가능한 농업을 실현합니다.

- 농작업의 효율성 향상 : AI와 IoT 기술을 통해 농작업의 효율성을 높여 농민들의 노 동력을 절약하고 농업 경영의 경제성을 향상시킵니다.

- 기술 혁신을 통한 농업 경쟁력 강화 : 한국의 농업이 국제 시장에서 경쟁력을 갖출 수 있도록 기술 혁신을 통해 농업 구조를 개선하고 농업 기술의 발전을 촉진합니다.

- 데이터 기반의 농작물 관리 지식 확산 : "GreenGuardian" 시스템을 통해 수집된 데 이터를 활용하여 농작물 관리에 대한 지식을 확산하고 농민들에게 교육을 제공함으로 써 농업 커뮤니티를 강화합니다.

- 글로벌 농업 시장 진입 : 한국의 농업 기술을 세계적으로 알리고 글로벌 농업 시장에 진입하여 한국의 농업 기술의 글로벌 경쟁력을 높입니다.

'개발 목적' 작성 예시 ⓑ

**'사용자가 원격으로 반려견의 먹이를 제공하고, 먹이 섭취량을
모니터링 할 수 있게 해주는 하드웨어 제품 – 펫피터'**

- 원격 반려견 먹이 제공 : 사용자가 언제 어디서나 쉽게 반려견에게 먹이를 제공할 수 있도록 하여, 사용자의 생활 편의성을 향상시킵니다.

- 먹이 섭취량 모니터링 : 반려견의 먹이 섭취량을 정확하게 모니터링하여, 반려견의 건강 상태를 더 잘 이해하고 관리할 수 있게 돕습니다.

- 영양 관리 : 사용자가 반려견의 영양 상태와 먹이 섭취 패턴을 모니터링할 수 있도록 하여, 반려견에게 건강하고 균형 잡힌 식사를 제공하는데 도움을 줍니다.

- 사용자와 반려견의 연결 강화 : 사용자가 원격으로도 반려견의 먹이 제공과 섭취 상황을 확인할 수 있게 함으로써, 사용자와 반려견 사이의 연결을 강화합니다.

- 데이터 기반의 반려견 관리 : 수집된 데이터를 활용하여 사용자에게 반려견의 먹이 섭취 패턴과 건강 상태에 대한 피드백을 제공함으로써, 데이터 기반의 반려견 관리를 도입합니다.

- 안전한 반려견 먹이 제공 : 하드웨어의 안전성을 확보하여 반려견이 안전하게 먹이를 섭취할 수 있도록 합니다.

- 사용자 경험 최적화 : 사용자 친화적인 인터페이스와 기능을 제공하여 사용자의 만족도를 높이고, 더 나은 사용자 경험을 제공합니다.

아이템의
목표시장 분석

아이템의 목표시장 분석은 창업의 성공 가능성과 지속성을 평가하며, 경쟁력을 강화하는 데 필수적이다. 따라서 다음과 같은 핵심 분야를 심층 분석해 본다.

첫째, 고객 특성 분석은 고객의 다양한 세분화 기준과 그에 따른 시장 세분화 전략을 살펴본다. 이를 통해 창업 아이템이 어떤 고객 그룹에게 중요한 가치를 제공할 수 있는지, 그리고 어떻게 이들의 니즈와 요구를 만족시킬 수 있는지에 대한 이해를 돕는다.

둘째, 목표시장 분석은 창업 아이템의 잠재적 시장 크기, 성장 가능성, 시장의 구조와 동향 등을 다룬다. 이는 창업자가 시장의 기회와 위험을 정확히 파악하고, 사업 전략을 적절히 조절할 수 있도록 한다.

셋째, 경쟁 분석은 시장 내의 주요 경쟁자와 창업 아이템의 경쟁력을 분석하며, 경쟁 우위를 확보하는 방안을 제시한다. 이를 통해 창업자는 지속적인 경쟁력 강화와 시장에서의 성공적인 위치를 찾을 수 있다.

마지막으로, 향후 전망은 창업 아이템의 지속 가능성과 혁신성을 통한 시장의 변화에 어떻게 대응할 것인지를 평가한다. 이는 창업자가 장기적인 성공과 지속 가능한 성장을 추구할 수 있도록 전략적인 기반을 제공한다.

이러한 분석을 통해 창업자는 창업 아이템의 시장 진입과 성장 전략을 체계적으로 계획하고 실행할 수 있으며, 지속적인 사업 성공을 위한 기반을 마련할 수 있다.

01 고객 특성 (고객 세분화 및 시장 세분화)

고객 특성 분석은 창업 아이템의 시장 수용 가능성과 성공 전망을 평가하는 핵심 과정이다. 이 과정에서는 누구를 대상으로 서비스나 제품을 제공할 것인지, 그리고 이러한 선택이 창업 아이템의 경쟁력과 시장 점유율에 어떤 영향을 미칠지를 심도 있게 이해해야 한다.

고객 세분화

- 고객 세분화는 창업 아이템의 타겟 고객을 정의하고, 이러한 고객 그룹의 특성과 니즈를 이해하는 과정이다.
- 세분화는 고객의 나이, 성별, 구매력, 선호도 등 다양한 기준에 따라 수행할 수 있다.

- 이 과정은 창업 아이템이 어떤 고객 그룹에게 가치를 제공할 수 있는지, 이러한 고객 그룹이 창업 아이템에 어떻게 반응할지 예측할 수 있다.

시장 세분화

- 시장 세분화는 창업 아이템이 진입할 목표 시장을 정의하고, 이러한 시장의 특성과 동향을 이해하는 과정이다.
- 시장 세분화는 창업 아이템의 시장 위치를 정확하게 이해하고, 시장의 기회와 위협을 분석할 수 있다.

고객 및 시장 세분화의 중요성

- 고객 및 시장 세분화는 창업 아이템의 마케팅 전략, 판매 전략, 그리고 제품 개발 전략을 수립하는 데 필수적이다.
- 고객 및 시장 세분화는 창업 아이템의 시장 진입 시기와 방식을 결정하는 데 중요한 기준을 제공한다.

고객 및 시장 세분화의 필요성

- 고객 및 시장 세분화의 결과는 창업 아이템의 타겟 고객과 목표 시장을 명확하게 정의하고, 이러한 고객과 시장에 대한 깊은 이해를 제공한다.
- 창업 아이템의 시장 진입 전략을 수립하고, 시장에서의 성공 가능성을 높이는 데 기여한다.

ChatGPT를 아래와 같이 활용할 수 있다.

ChatGPT Prompt – 고객의 특성

정부 창업지원과제 사업계획서를 작성중입니다.
정부 창업지원과제의 '고객 특성(고객 세분화 및 시장 세분화)'를 작성하려고 합니다.

● 창업 과제명 : *{작성해주세요}*

위 과제에 대해서 인터넷을 접속하여 데이터에 근거하여 아래와 같이 작성해주세요.

[출력 조건]

– 고객 세분화
– 시장 세분화

'고객 특성' 작성 예시 ⓐ

'구독자에게 매월 다양한 화장품과 스킨케어 제품을 제공하는 – 뷰티박스'

■ 고객 세분화

- 연령 : 20대 중반부터 40대 초반까지의 여성 (이 연령대의 여성들은 화장품과 스킨케어 제품에 대한 관심이 높습니다.)
- 소득 수준 : 중간 수준의 소득을 가진 개인 (구독 서비스 비용을 감당할 수 있으며, 뷰티 및 스킨케어 제품에 투자할 의향
- 심리적 특성
  • 뷰티 트렌드에 관심이 많고, 새로운 화장품 및 스킨케어 제품을 시도해보는 것을 좋아합니다.
  • 편리하고 다양한 제품을 한 번에 경험하고 싶어 합니다.
  • 구독 서비스를 통해 시간과 노력을 절약하며, 뷰티 제품에 대한 최신 정보를 얻고자 합니다.

■ 시장 세분화

- 지역적 세분화
  • 서울 및 주요 대도시 지역에 거주하는 고객을 대상으로 할 수 있습니다. 이러한 지역에서는 뷰티 트렌드에 민감하고, 새로운 제품을 시도해보려는 경향이 있습니다.
- 채널 세분화
  • 온라인 채널 : SNS, 뷰티 커뮤니티, 뷰티 블로그 및 유튜브 채널을 통해 뷰티박스 서비스를 알릴 수 있습니다.
  • 오프라인 채널 : 뷰티 박람회, 팝업 스토어, 뷰티 샵과의 협업을 통해 서비스를 홍보할 수 있습니다.
- 가격 세분화
  • 기본 구독 : 매월 기본 화장품 및 스킨케어 제품을 제공합니다.
  • 프리미엄 구독 : 매월 고급 화장품 및 스킨케어 제품, 추가적인 뷰티 상품을 제공합니다.

'고객 특성' 작성 예시 ⓑ

'사용자가 원격으로 반려견의 먹이를 제공하고, 먹이 섭취량을 모니터링
할 수 있게 해주는 하드웨어 제품 - 펫피터'

■ 고객 세분화

- 반려견 소유자
  • 바쁜 일상을 보내는 직장인이나 자영업자로서, 정해진 시간에 반려견에게 먹이를
    제공하기 어려운 이들.
  • 반려견의 건강 관리에 관심이 많으며, 특히 먹이 섭취량과 일정을 정확하게 관리하
    고 싶어하는 이들.
- 반려견 돌보미/펫시터
  • 다수의 반려견을 돌보아야 하며, 효율적인 먹이 제공 및 관리 솔루션을 찾고 있는
    이들.

■ 시장 세분화

- 지역적 세분화
  • 특히 도시 지역에서는 반려동물을 키우는 가구가 늘어나고 있으며, 이러한 가구들
    은 반려견의 올바른 먹이 관리를 위한 솔루션을 찾고 있다.
- 채널 세분화
  • 젊은 세대(20-40세)는 기술적인 솔루션에 더 개방적이며, 이들은 스마트폰 앱을
    통해 반려견의 먹이 관리를 하고 싶어한다.
- 가격 세분화
  • 프리미엄 시장 : 고가의 펫피터 제품을 원하며, 추가 기능(예 : 실시간 모니터링, 분
    석 리포트 등)을 제공 받길 원하는 고객.
  • 중간 가격대 시장 : 기본적인 먹이 제공 및 모니터링 기능을 원하는 고객.

02   목표시장 분석 (시장 분석)

목표시장 분석은 창업 아이템의 시장 진입 가능성과 성공 가능성을 평가하고, 이를 통해 효과적인 사업 전략을 수립하는 데 필요한 근거를 제공한다. 정부 창업지원과제의 작성과 평가 과정에서 목표시장 분석은 아이템의 경제적 가치와 시장 수용도를 보여주는 중요한 부분이다.

시장 크기 및 성장률

- 목표시장의 현재 크기와 예상 성장률을 분석하여 창업 아이템의 시장 진입 및 확장 가능성을 평가한다.
- 시장 크기는 창업 아이템의 수익 가능성과 성장 잠재력을 보여주며, 성장률은 시장의 발전 속도와 경쟁 상황을 이해하는 데 도움이 된다.

시장 동향 및 구조

- 시장의 주요 동향, 기술 발전, 소비자 선호도 변화 등을 분석하여 창업 아이템의 시장 적합성과 경쟁력을 평가한다.
- 시장 구조는 창업 아이템의 위치를 정의하고, 경쟁자와의 상대적 위치를 이해하는 데 도움이 된다.

시장의 법률 및 규제 환경

- 목표시장의 법률 및 규제 환경을 분석하여 창업 아이템의 법적 위험과 규제 준수 요구사항을 이해한다.

- 이는 창업 아이템의 시장 진입 장벽과 법적 위험을 평가하고, 이에 대한 대응 전략을 수립하는 데 중요하다.

목표시장 분석은 창업 아이템의 시장 전략 수립과 실행에서 핵심적인 요소로, 정부 창업지원과제의 성공적인 수행과 지원 확보에도 큰 영향을 미칠 수 있다. 이를 통해 예비창업자는 창업 아이템의 시장 적합성과 경쟁력을 명확하게 이해하고, 효과적인 사업 전략을 수립할 수 있다.

이를 ChatGPT를 활용하여 작성해보자.

ChatGPT Prompt - 목표시장 분석

정부 창업지원과제 사업계획서를 작성 중입니다.
정부 창업지원과제의 '목표시장 분석'를 작성하려고 합니다.

- 창업 과제명 : *{작성해주세요}*
- 타깃 국가 : *{작성해주세요}*

위 과제에 대해서 사업계획서의 내용을 아래의 목차로 작성해주세요.

- 시장 크기 및 성장률
- 시장 동향 및 구조
- 시장의 법률 및 규제 환경

을, 인터넷을 접속하여 데이터에 근거하여 작성해주세요.

'사용자의 건강 및 운동 데이터를 추적하고 분석하여 개인화된
운동 및 식단 추천을 제공하는 모바일 앱 - 핼스트레커'

■ 시장 크기 및 성장률

- 디지털 피트니스 및 웰빙 시장 :
2023년에 한국의 디지털 피트니
스 및 웰빙 시장의 매출은 약
1,522백만 달러에 이를 것으로
예상되며, 2023-2028년 기간
동안 연평균 성장률(CAGR)은
7.18%로 예상됩니다. [16]
- 스마트 피트니스 시장 :
2024-2032년 기간 동안 한국

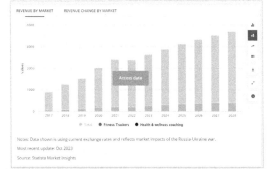

의 스마트 피트니스 시장은 약 19.6%의 CAGR로 성장할 것으로 예상됩니다. 이는
건강에 대한 관심 증가와 다양한 제품 출시, 그리고 유명인과의 협업 등이 주요 성장
동력으로 작용하고 있습니다. [17]

■ 시장 동향 및 구조

- 건강 및 피트니스 클럽 시장 : 2017-2021년 기간 동안 한국의 건강 및 피트니스
클럽 시장은 연평균 성장률(CAGR) 2.2%로 성장하며, 2021년에는 총 매출이 10억
달러를 기록할 것으로 예상됩니다. [18]
- 이는 스마트 피트니스와 디지털 피트니스 앱의 수요 증가를 반영하는 트렌드를 보여
줍니다.

■ 시장의 법률 및 규제 환경

- 한국의 헬스케어 및 피트니스 앱 시장은 개인 정보 보호, 데이터 보안, 의료 기기 규
제 등 다양한 법률 및 규제 환경에 영향을 받을 수 있습니다. 특히, 건강 및 운동 데
이터를 수집, 저장, 분석하고 공유하는 앱은 개인 정보 보호에 대한 엄격한 규제를
준수해야 할 수 있습니다.

'목표시장 분석' 작성 예시 ⓑ

'구독자에게 매월 다양한 화장품과 스킨케어 제품을 제공하는 – 뷰티박스'

■ 시장 크기 및 성장률

- 화장품 및 개인용품 시장 : 한국의 화장품 및 개인용품 시장은 2027년까지 연평균 성장률(CAGR) 5.22%로 성장할 것으로 예상되며, 이 시장의 일부는 구독 기반의 뷰티박스 서비스로 이루어져 있을 것입니다. [19]
- 특히, 스킨케어 시장은 2026년까지 $11.4 billion의 가치에 이를 것으로 예상되며, 인당 지출은 $108.2에 이를 것으로 예측됩니다. [20]

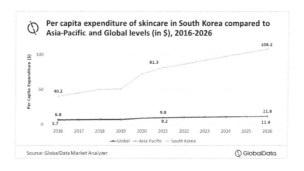

■ 시장 동향 및 구조

- 한국은 뷰티 시장에서 글로벌 트렌드를 설정하고, 업계 선도적인 혁신을 도입하는 것으로 알려져 있습니다. 현재의 트렌드는 자가 뷰티 케어의 상승이며, 이는 구독 기반의 뷰티박스 서비스에 대한 수요 증가를 의미할 수 있습니다. [21]

■ 시장의 법률 및 규제 환경

- 화장품 및 스킨케어 제품에 대한 규제는 한국 식품의약품안전처(KFDA)에 의해 관리되며, 제품의 안전성, 품질 및 표시에 대한 규정을 따라야 합니다. 또한, 구독 기반 서비스는 소비자 보호, 개인정보 보호 및 데이터 보안과 관련된 법률 및 규제에 따라야 합니다.

경쟁 분석은 창업 아이템의 시장 경쟁력을 평가하고, 이를 통해 창업 아이템의 시장 진입과 확장 전략을 수립하는 데 필요하다. 정부 창업지원과제의 작성과 평가 과정에서, 경쟁 분석은 창업 아이템의 시장 성공 가능성과 지원의 필요성을 보여주는 중요한 부분이다.

경쟁자 분석

- 목표시장에 존재하는 주요 경쟁자와 그들의 시장 점유율, 전략, 성과 등을 분석한다.
- 경쟁자의 강점과 약점을 파악하여 창업 아이템의 상대적 경쟁력을 이해하고, 이를 통해 창업 아이템의 시장 점유율과 성공 가능성을 예측한다.

경쟁 구조 분석

- 목표시장의 경쟁 구조와 시장 진입 장벽, 공급자 및 구매자의 권력, 대체품의 위협 등을 분석한다.
- 창업 아이템의 시장 진입 전략과 경쟁력 확보 전략을 수립하는 데 필요한 근거를 제공한다.

창업 아이템의 경쟁력 평가

- 창업 아이템의 기술적, 경제적, 시장적 경쟁력을 분석한다.

- 창업 아이템의 시장 진입 가능성과 시장 성공 가능성을 평가하고, 이를 통해 창업 아이템의 전략적 위치를 정의한다.

경쟁력 확보 방안

- 창업 아이템의 경쟁력을 확보하고 강화하기 위한 전략적 방안을 수립한다.
- 기술 개발, 특허 확보, 시장 진입 전략, 마케팅 전략, 파트너십 구축 등 다양한 방안을 고려하여 창업 아이템의 시장 경쟁력을 확보한다.

시장 점유율 및 경쟁 전략

- 창업 아이템의 목표 시장 점유율과 이를 달성하기 위한 경쟁 전략을 수립한다.
- 창업 아이템의 시장 성공 가능성을 높이고, 시장에서의 지속 가능성을 확보하는 데 도움이 된다.

경쟁 분석은 창업 아이템의 시장 경쟁력을 명확하게 이해하고, 이를 통해 창업 아이템의 시장 전략과 실행 전략을 수립하는 데 핵심적인 요소다. 이를 통해 예비창업자는 창업 아이템의 시장 성공 가능성과 지원의 필요성을 명확하게 보여주며, 정부 창업지원과제의 성공적인 수행과 지원 확보에 기여할 수 있다.

이 부분은 '5장. Solution (솔루션)' - '2. 창업 아이템의 차별화 방안' - '① 경쟁제품 비교 (솔루션의 차별화)' 부분에서 먼저 작성한 후 작성한다.

이를 ChatGPT를 활용하여 작성해보자.

ChatGPT Prompt – 경쟁 분석

정부 창업지원과제 사업계획서를 작성중입니다.
정부 창업지원과제의 '경쟁 분석'을 작성하려고 합니다.

● 창업 과제명 : *{작성해주세요}*

위 과제에 대해서 사업계획서의 내용을 아래의 목차로 작성해주세요.

먼저, 우리 제품의 경쟁제품을 3개 선정해 주세요. 그 후,

– 경쟁자 비교 분석 (표로 표현해주세요.)
– 경쟁 구조 분석
– 경쟁력 확보 방안
– 시장 점유율 및 경쟁 전략

을, 인터넷을 접속하여 데이터에 근거하여 작성해주세요.

'사용자가 원격으로 반려견의 먹이를 제공하고, 먹이 섭취량을
모니터링 할 수 있게 해주는 하드웨어 제품 - 펫피터'

■ 경쟁제품 조사

- SmartFeeder : 스마트폰이나 태블릿을 통해 원격으로 급식을 제어하고 실시간으로 급식 스케줄을 관리할 수 있습니다
- WOPET Automatic Pet Feeder Food Dispenser : 식사량 조절이 가능한 시간제 급식 기능으로 하루 최대 4끼까지 가능합니다.
- 5G WiFi Pet Feeder (Amazon) : 앱을 통한 원격 급식 제어 및 잔반 센서로 하루 최대 10끼의 식사 스케줄을 제공합니다.

■ 경쟁제품 분석

	자사제품 (펫피터)	SmartFeeder	WOPET Automatic Feeder	5G WiFi Pet Feeder
가격	○	○	○	○
원격 기능	○	○	○	○
식사 예약	○	○	○	○
모니터링	○	○	-	-
부분 제어	○	-	○	-
앱 컨트롤	○	○	-	○

■ 경쟁구조 분석

- 자동 및 스마트 반려동물 급식기 시장은 여러 업체가 전략적 파트너십, 신제품 출시, 연구 투자에 집중하여 혁신적인 제품을 출시하고 시장 입지를 확대하는 것이 특징입니다4. 이 시장은 2022년부터 2030년까지 연평균 12.0% 성장하여 2030년에는 5,061.95백만 달러에 달할 것으로 예상됩니다.

■ 경쟁 확보 전략

- 차별화된 기능 : 실시간 모니터링, 음성 인식 또는 스마트 홈 시스템과의 통합과 같은 기능을 혁신하여 경쟁업체와 차별화.
- 사이버 보안 : 스마트 반려동물 급식기가 점점 더 연결됨에 따라 반려동물과 보호자 데이터의 보안을 보장하는 것은 소비자 신뢰를 유지
- 호환성 : 다양한 반려동물 사료 유형 또는 크기와의 호환성 문제를 해결하면 더 많은 반려동물 소유주에게 제품의 매력을 어필할 수 있습니다.

■ 시장 점유율 및 경쟁 전략

- 시장의 주요 업체들은 경쟁 우위를 확보하고 시장 점유율을 확대하기 위해 기술 혁신, 전략적 파트너십, 신제품 출시에 주력하고 있습니다. 삼성, 로버트보쉬, 슈나이더 일렉트릭, 지멘스 등의 기업이 글로벌 자동 및 스마트 애완동물 급식기 시장에서 존재감을 드러내면서 경쟁이 치열해지고 있습니다.

'경쟁 분석' 작성 예시 ⓑ

'구독자에게 매월 다양한 화장품과 스킨케어 제품을 제공하는 - 뷰티박스'

■ 경쟁제품 분석

	자사제품 (뷰티박스)	Inspire Me Korea	NMNL	Facetory
월 구독비용	$20	$30	$35	$49.95 (시즌별 구독)
박스 내 화장품 수	5	4	8	11
제조국가	한국	한국	한국 : 일본 (5:5)	한국
기타 제공	-	-	뷰티관련 도구 1가지	자체제품
주요 브랜드	-	Nature Republic	-	-
추가 구매 옵션	○	-	○	-

■ 경쟁구조 분석
- K-뷰티 구독 시장은 여러 업체가 다양한 가격대, 박스당 품목 수, 정기 구독 횟수 등을 제공하며 경쟁이 치열합니다.
- 제품의 다양성과 깜짝 요소는 이러한 구독 서비스의 공통된 주제입니다. 또한 NMNL과 같은 일부 경쟁업체는 한국과 일본의 제품을 모두 포함하기 때문에 경쟁이 해외 시장으로까지 확대되고 있습니다.
- 또한 Facetory와 같은 일부 경쟁업체는 자체 스킨케어 제품 라인을 보유하여 구독 서비스에 고유한 판매 제안을 추가합니다.

■ 경쟁력 확보 방안
- 제품 다양화 : 다양한 피부 타입과 고민을 타깃으로 한 고품질의 K-뷰티 제품
- 커스터마이징 : 개인의 피부 타입, 고민, 선호도에 따라 더 높은 수준의 맞춤화교육 콘텐츠: 스킨케어 루틴, 제품 정보, 스킨케어 팁에 대한 교육 콘텐츠
- 콜라보레이션 : 인기 K-뷰티 브랜드와 협업하여 구독 박스에 독점 제품을 제공

■ 시장 점유율 및 경쟁 전략
- 마케팅 및 프로모션
- 고객 참여
- 로열티 프로그램
- 독점 제품

04 향후 전망 (시장의 전망, 지속 가능성 및 혁신성)

향후 전망은 창업 아이템의 지속 가능성과 장기적 성공 가능성을 평가하는 핵심 요소이다. 예비창업자는 목표시장의 전망과 창업 아이템의 혁신성을 통해 지속적인 성장과 시장에서의 지위를 확립할 수 있음을 보여야 한다.

시장 전망

- 목표시장의 성장률, 시장 동향, 소비자의 구매 행태 변화, 산업의 정책 및 규제 변화 등을 분석하여 창업 아이템의 장기적 시장 전망을 평가한다.
- 전망하는 시장 성장과 창업 아이템의 시장 점유율 확대 가능성을 분석하여 지속적인 시장 성장과 창업 아이템의 성공 가능성을 예측한다.

지속 가능성

- 창업 아이템의 지속 가능한 성장 전략과 사업 모델을 제시한다.
- 지속 가능한 수익 모델, 기술 발전의 지속성, 미래 시장의 변화에 대응할 수 있는 유연성 등을 분석하여 창업 아이템의 지속 가능성을 평가한다.

혁신성

- 창업 아이템의 혁신적인 요소와 이를 통한 시장 변화의 주도 가능성을 분석한다.
- 혁신적인 기술 또는 서비스를 통해 시장에서 독특한 가치를 제공하고, 시장의 변화와 동향을 주도할 수 있는 가능성을 평가한다.

향후 전망은 ChatGPT로 아래와 같이 활용할 수 있다.

ChatGPT Prompt - 향후 전망

정부 창업지원과제 사업계획서를 작성중입니다.
정부 창업지원과제의 '향후 전망(시장의 전망, 지속 가능성 및 혁신성)'을 작성하려고
합니다.

● 창업 과제명 : *{작성해주세요}*

위 과제에 대해서 사업계획서의 내용을 아래의 목차로 작성해주세요.

- 시장 전망
- 지속 가능성
- 혁신성

을, 인터넷을 접속하여 데이터에 근거하여 작성해주세요.

**'사용자의 건강 및 운동 데이터를 추적하고 분석하여 개인화된
운동 및 식단 추천을 제공하는 모바일 앱 - 헬스트레커'**

■ 시장 전망

- 시장 규모 : 전 세계 디지털 건강 추적 앱 시장은 2022년에 약 1,394.7백만 달러의 규모를 보였으며, 2023년에는 약 1,590.4백만 달러로 성장할 것으로 예상되며, 2033년에는 약 7,748.9백만 달러에 이를 것으로 예상됩니다. 이러한 성장률은 2023년부터 2033년까지 연평균 성장률(CAGR) 15.6%를 나타내며, 글로벌 피트니스 앱 시장은 2020년에 약 137.8억 달러로 평가되었으며, 2030년에는 약 1,203.7억 달러에 이를 것으로 예상되며, 이는 2021년부터 2030년까지의 연평균 성장률(CAGR) 24.3%를 나타냅니다.

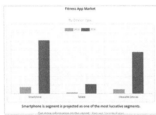
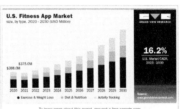

- 트렌드 : 건강 및 운동 추적 앱의 다운로드는 온라인 피트니스 트렌드의 성장과 함께 전 세계적으로 46.0% 증가하였습니다. 또한, 건강과 정신 건강에 대한 인식의 증가도 이 시장의 성장을 촉진하고 있습니다.

■ 지속가능성

- 사회적 영향 : 모바일 앱과 피트니스 트래커 기술은 건강한 행동을 지원하고 공중 보건 개입을 제공하는 데 중요한 역할을 할 수 있으며, 특히 COVID-19 기간 동안 이러한 기술의 사용이 증가하였습니다.
- 사용자 참여 : 피트니스 트래커와 앱을 사용하는 사람들은 더 활동적이며, 약 2,000걸음 더 걷는 경향이 있습니다. 이러한 작은 활동 수준의 증가는 인구 수준에서 건강을 개선하고 질병 발생 위험을 줄이는 데 도움이 될 수 있습니다.

■ 혁신성

- 기술 발전 : 터치스크린, 네트워크 연결 및 대화식 스트리밍 기능의 추가는 홈 운동 장비를 단순한 기계적 장치에서 더 발전된 형태로 전환시켰습니다.
- 개인화 : 피트니스 앱은 단순한 걸음 수 기록 및 운동 제안에서 통합된 라이프스타일 안내로 발전하여, 건강 및 운동 루틴의 상태를 기록하는 자기 추적 활동에 참여하는 더 많은 사람이 생겨났습니다.

■ 시장 전망

- 농업 분야에서 인공지능(AI) 시장은 현재 17억 달러로 평가되며, 앞으로 5년 동안 연평균 성장률(CAGR) 22.55%로 성장하여 47억 달러에 이를 것으로 예상됩니다.
- 농업 분야에서 사물인터넷(IoT)의 글로벌 시장 규모는 2021년에 271억 달러로 평가되었으며, 2031년까지 845억 달러에 이를 것으로 예상되며, 이는 2022년부터 2031년까지 연평균 성장률(CAGR) 12.6%의 성장을 의미합니다.
- 2023년 농업 분야의 IoT 시장은 151.78억 달러에서 2032년에는 717.53억 달러로 성장할 것으로 예상되며, 이는 2023년부터 2032년까지 연평균 성장률(CAGR) 45.80%의 성장을 의미합니다.

 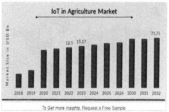

■ 지속가능성

- 농부들은 실시간으로 농장의 상태를 파악하고, 식물의 건강, 토양의 품질, 온도, 물 주기 및 농약 적용 과정을 자동화함으로써 전체 품질과 작물의 정확도를 높일 수 있습니다.
- AI와 IoT 기술의 결합은 농업분야에서 효율적인 농업 실천의 수요를 촉진시키며, 이는 농작물의 생산성을 향상시키고 농업 관련 작업을 돕는데 기여합니다. 이러한 기술은 농부들에게 중요한 정보를 제공하여 농업 생산을 촉진시키고 농업의 품질을 향상시킬 수 있습니다.

■ 혁신성

- 2023년에는 Controlled Environment Agriculture (CEA)와 같은 농업 혁신이 이미 투자자들의 관심을 끌고 있으며, 실내 농업은 2022년에 약 8억 달러 이상의 자금을 유치했습니다.
- 인공지능과 IoT의 결합은 정밀 농업에서 농작물의 성능과 기후 패턴과 같은 복잡한 사항에 대한 통찰력을 제공할 수 있습니다. 이러한 혁신은 농업 분야에서 새로운 아이디어를 제공하고 가능하게 합니다.
- IoT와 AI의 통합은 2023년에 글로벌 스마트 온실 산업에서 농업을 변화시킬 것으로 예상되며, 이는 스마트 온실 시장의 혁신을 촉진시키는 데 기여합니다.

CHAPTER 05

Solution

(솔루션)

이 장에서는 _____

이 장은 창업 아이템의 실질적인 구현 방안과 그 차별화된 가치를 짚어본다. 창업 아이템의 구체적인 개발 계획과 진행 정도, 창업 아이템이 시장에서 어떻게 경쟁력을 확보할 것인지에 대한 전략을 세분화하여 설명한다.

'개발 방안 / 진행(준비) 정도'는 최종 산출물의 명확한 정의와 그 평가 가능성, 개발 방법과 협약 기간 내 개발의 가능성, 개발 단계와 진행 정도를 명시하여 창업 아이템의 개발 준비도를 확인한다. 또한 기술 보호 계획을 통해 창업 아이템의 핵심 기술을 어떻게 보호할 것인지에 대한 전략을 제시한다.

다음 '창업 아이템의 차별화 방안'은 경쟁 제품과의 비교를 통해 솔루션의 차별화된 점을 명확히 하고, 보유 역량 기반의 경쟁력 확보 방안을 통해 솔루션의 시장에서의 경쟁력을 강조한다.

이러한 내용을 통해 창업자는 창업 아이템의 개발 방안과 시장에서의 경쟁력 확보 전략을 명확히 이해할 수 있으며, 이를 바탕으로 정부 창업지원과제의 성공적인 수행과 창업 아이템의 시장 진입 가능성을 평가할 수 있게 된다. 이 장은 창업 아이템의 구체적인 구현 방안과 그 차별화된 가치를 명확하게 제시함으로써, 예비 창업자에게 창업 아이템의 실질적인 가치와 실현 가능성을 보여주는 중요한 역할을 한다.

개발 방안 /
진행(준비) 정도

창업 아이템의 성공적인 구현은 체계적이고 탄탄한 개발 계획이 뒷받침되어야 한다. 창업 아이템을 현실화하기 위한 구체적인 개발 방안과 진행 정도를 세분화하여 검토한다.

창업 아이템의 실현 가능성과 기술의 타당성을 검증하는 데 필수적이며, 이를 통해 창업 아이템의 핵심 가치와 시장에서의 성공 가능성을 더욱 명확하게 파악할 수 있게 된다.

01　최종 산출물 (최종 산출물의 평가 기준)

최종 산출물은 협약 기간 내에 만들고자 하는 결과물을 말한다. 보통 협약 기간은 짧게는 6개월에서부터, 길게는 10개월 정도 할당된다. 참고로, 창업 지원사업은 협약종료 전까지 창업 아이템을 만드는 결과물을 보여줘야 하는데 지원기관에서도 성과가 필요하기 때문이다.

정부지원과제 협약 전, 기획까지는 준비가 완료되어야 협약 기간 중 아이템의 개발 및 구현에 집중하게 된다. 그래서 정부과제 협약 전, TRL 1, TRL 2가

완료되어야 한다. 이는 창업자가 아이템의 기술적 가능성과 시장에 대한 이해를 기반으로, 협약 기간 내에 최종 산출물을 성공적으로 개발하고 구현할 수 있음을 보여주는 중요한 단계이다.

최종 산출물의 정의와 개발 목표 설정은 창업 아이템의 성공 가능성을 크게 높일 수 있으며, 이를 위해 창업자는 협약 기간 내에 명확한 개발 계획을 수립하고, 주어진 시간과 자원 내에서 최종 산출물을 완성할 수 있는 실행력을 보여야 한다.

최종 산출물의 평가 기준은 아이템의 성공 가능성과 시장 진입 가능성을 평가하기 위한 중요한 지표이다. 이를 위해, 창업자는 아이템의 기술적인 완성도, 시장의 수요, 경쟁력, 그리고 기술의 혁신성 등을 평가해야 한다. 또한, 최종 산출물의 평가 기준을 설정할 때에는 아이템의 개발 단계 및 진행 정도, 기술 보호 계획, 그리고 경쟁 제품 비교 등도 고려해야 한다. 이러한 평가 기준을 바탕으로 창업자는 아이템의 시장 진입 가능성과 기술의 실현 가능성을 보여줄 수 있어야 한다.

최종 산출물의 평가 가능성은 창업 아이템의 성공 가능성을 판단하기 위한 중요한 기준이다. 창업자는 최종 산출물의 평가 기준을 설정하고, 이를 바탕으로 아이템의 개발 및 구현 계획을 수립해야 한다. 또한, 창업자는 아이템의 개발 단계 및 진행 정도를 평가하며, 이를 바탕으로 아이템의 개발 및 구현 일정을 수립한다. 최종 산출물의 평가 기준을 바탕으로, 창업자는 아이템의 시장 진입 가능성과 기술의 실현 가능성을 보여줄 수 있어야 하며, 이를 통해 창업 아이템의 성공 가능성과 시장의 수요를 평가할 수 있다.

이처럼, 최종 산출물의 평가 기준 설정은 창업 과정에서 중요한 단계로, 창업자는 이를 통해 아이템의 기술적인 완성도와 시장의 수요를 평가하며, 아이템의 시장 진입 가능성과 기술의 실현 가능성을 보여줄 수 있어야 한다. 이를 위해, 창업자는 아이템의 개발 단계 및 진행 정도를 평가하고, 이를 바탕으로 아이템의 개발 및 구현 일정을 수립하며, 최종 산출물의 평가 기준을 설정해야 한다.

목차는 아래와 같이 구성하면 좋다.

- **최종 산출물**
  - 최종 산출물의 형태
  - 최종 산출물의 주요 스펙
- **주요 평가 기준**
- **산출물 예상 이미지**

이 항목은 예시로 살펴보면, 이해가 더욱 쉬울 것이다.

ChatGPT로 아래와 같이 활용할 수 있다. 다만, 본인의 창업 아이템의 결과물을 참고하지 그대로 사용하지 않아야 한다.

정부 창업지원과제 사업계획서를 작성 중입니다.
정부 창업지원과제의 '최종 산출물(최종 산출물의 평가 기준)'를 작성하려고 합니다.

● 창업 과제명 : {*작성해주세요*}

위 과제에 대해서 사업계획서의 내용을 아래의 목차로 작성해주세요.

- 최종 산출물의 형태
- 최종 산출물의 주요 스펙 (표로 표현해주세요.)
- 구체적인 주요 평가 기준 수치 (표로 표현해주세요.)
- 예상되는 산출물 이미지

위 프롬프트는 이미지까지 한 번에 작성하도록 하였다.

'사용자의 건강 및 운동 데이터를 추적하고 분석하여 개인화된
운동 및 식단 추천을 제공하는 모바일 앱 – 핼스트레커'

■ 최종 산출물

– 형태 : iOS, Android Application (각 1종)
– 주요 스펙

항목	내용
플랫폼	iOS, Android
UI	직관적이고 사용자 친화적인 디자인
데이터 추적	심박수, 걸음 수, 소모 칼로리, 수면 패턴 등
데이터 분석	개인화된 건강 보고서 생성
운동 추천	사용자의 건강 데이터 및 선호도를 기반으로 한 운동 추천
식단 추천	사용자의 영양소 섭취 상태와 목표에 맞는 식단 추천
소셜 기능	다른 사용자들과의 경쟁 및 공유 기능
무시 알림	일일 운동 목표 달성 시, 미달성 시 알림 제공
동기화	다른 건강 관련 앱 및 기기와의 데이터 동기화 기능

■ 주요 평가 지표

평가 항목	목표 수치	비고
사용자 활성률	80% 이상	일주일 내에 앱을 한 번 이상 사용한 사용자 비율
사용자 만족도	4.5/5	앱스토어 및 구글 플레이에서의 사용자 평점 평균
오류 발생률	1% 미만	전체 사용자 중 버그나 오류로 인한 불편을 겪은 사용자 비율
실시간 데이터 추적 정확도	95% 이상	실제 데이터와 앱에서 추적한 데이터의 일치도
추천도	90% 이상	사용자의 만족도 및 개선된 건강 지표를 바탕으로 한 추천의 정확도

■ 예상 이미지

■ 최종 산출물

- 형태 : 스마트 하드웨어 제품 (1대) + iOS (1종), Android (1종)
- 주요 스펙

항목	내용
제품 크기	300mm x 300mm x 400mm
무게	5Kg
연동 가능 앱	iOS, Android
통신 방식	Wi-Fi, Bluetooth
먹이 저장 용량	최대 5Kg
먹이 자동 분배	사용자 설정 시간에 따라
섭취량 모니터링	실시간
전원	AC 220V
배터리 지속시간	최대 24시간

■ 주요 평가 지표

평가 항목	목표 수치	비고
먹이 분배 정확도	±5g	
원격 연결 안정성	99% 이상 연결 성공률	
섭취량 모니터링 정확도	±10g	
앱 호환성	AC 연결 시 무한 배터리 48시간	
전원/배터리 지속 시간	90% 이상	
반응 시간	3초 이내	앱 명령부터 제품 반응까지

■ 예상 이미지

■ 최종 산출물

– 형태 : 뷰티박스는 구독자에게 매월 다양한 화장품 및 스킨케어 제품을 제공하는 상자 형태의 패키지입니다. 이 박스는 최신 트렌드에 맞는 제품들로 구성되며, 구독자의 피부 타입 및 선호도를 고려하여 맞춤형 제품을 선별하여 포함됩니다.
– 주요 스펙

항목	내용
패키지 크기	25cm x 20cm x 10cm
제품 수	최소 5개 – 최대 7개
포함되는 제품 유형	스킨케어, 메이크업, 헤어케어, 바디케어
제품 브랜드	다양한 국내외 브랜드
맞춤 제품 선별	피부 타입, 선호도, 알레르기 반영

■ 주요 평가 지표

평가 항목	평가 기준
제품의 다양성	각 카테고리별 제품 포함 여부
제품의 품질	제품 만족도 및 브랜드의 신뢰도
박스 디자인	디자인 세련도 및 사용자 경험
맞춤 제품 선별 정확도	사용자 피드백 및 재구독률
배송 시간 및 안정성	배송 지연 및 제품 파손율
고객 서비스	고객 만족도 및 응대 속도

■ 예상 이미지

■ 최종 산출물

- 형태 : GreenGuardian은 AI와 IoT를 결합한 농작물 헬스케어 모니터링 시스템으로, 농
작물의 건강 상태를 실시간으로 진단하여 높은 수확량 및 품질을 보장합니다. 이 시스템
은 농부들에게 농작물의 건강상태, 수확 예측, 그리고 필요한 조치사항 등을 알려줍니다.
- 주요 스펙

항목	내용
시스템 타입	AI와 IoT 기반 농작물 모니터링 시스템
진단 방법	실시간 건강 진단 (온도, 습도, 광합성 효율 등 측정)
통신 방식	무선 통신 (Wi-Fi, LoRa 등)
데이터 분석	클라우드 기반 실시간 데이터 분석 및 처리
사용자 인터페이스	웹 및 모바일 애플리케이션 (실시간 모니터링, 경고 알림, 건강 보고서 제공)
전원	태양광 패널 및 배터리 조합
내구성	방수 및 방진 기능, 내구성 강화

■ 주요 평가 지표

평가 항목	목표 수치	비고
건강 진단 정확도	95% 이상	농작물의 건강상태를 정확하게 진단할 수 있는 능력
시스템 응답 시간	5초 이내	데이터를 수집하고 분석한 후 사용자에게 결과를 표시하는 시간
데이터 저장 기간	3년	클라우드에 저장되는 농작물 데이터의 보관 기간
실시간 데이터 추적 정확도	95% 이상	실제 데이터와 앱에서 추적한 데이터의 일치도
시스템 지속 작동 시간	72시간 이상	외부 전원 없이 시스템이 지속적으로 작동할 수 있는 시간

■ 예상 이미지

다양한 예시에 따라, 최종 산출물과 지표는 달라질 수밖에 없다. 산출물의 카테고리의 종류에 따라, 소비자 및 타깃 시장의 특성에 따라, 사용되는 기술에 따라 산출물은 매우 다양하고 평가 기준 역시 종류가 매우 많다. 따라서 창업자는 본인의 창업 아이템에 대해 주요 스펙과 평가 지표를 작성해야 한다. 이미지는 산출물의 예상 형태를 보여주는 것으로 꼭 첨부해야 한다. 다만, 인공지능을 활용하던, 직접 디자인하던. 어떤 형태로든, 산출물의 결과물을 보여주도록 한다.

02 개발 방법 (개발 방법의 이해도)

'협약 기간 내 개발 완료 가능성'으로, 창업자가 개발 방법에 대해 충분한 이해를 하고 있는지 확인하는 부분이다.

많은 창업자가 자신의 아이디어를 실현하고자 하지만, 실제로 해당 기술이나 개발 프로세스에 대한 지식이 부족한 경우가 흔하다. 예를 들어, 하드웨어 제품을 개발하고자 할 때 필요한 기술적 배경지식이나 경험이 없다면, 프로젝트는 시작부터 어려움에 직면하게 된다. 마찬가지로, 앱을 개발하고자 할 때 iOS와 Android 플랫폼 각각의 특성과 개발 요구사항을 이해하지 못한다면, 개발 프로세스는 큰 어려움을 겪게 될 것이다.

기술 및 개발 방법 이해

창업자는 개발하고자 하는 제품이나 서비스에 필요한 기술과 개발 방법론에 대한 기본적인 이해를 해야 한다. 이는 프로젝트의 목표를 명확히 설정하고, 실현 가능성을 평가하는 데 기반이 된다.

예를 들어, 하드웨어 개발의 경우 회로 설계, 임베디드 시스템, 제조 공정 등에 대한 지식이 필요하며, 소프트웨어 개발의 경우 프로그래밍 언어, 개발 환경, 테스팅 및 디버깅 방법 등에 대한 이해가 필요하다.

'개발 방법'은 개발의 이해도를 말하는 것이다. 직접 개발해야 한다는 개발 능력이 중요한 것이 아니라, 개발에 대한 이해도가 있어야 프로젝트가 정상적으로 진행될 수 있다. 따라서 개발 영역은 개발하고자 하는 영역의 선배, 경험자 또는 멘토를 찾아서 조언을 얻는 것이 중요하다. 인터넷이나 오픈된 정보로는 검증되지 않는 것이 많아 잘못 판단할 가능성이 매우 크다.

개발 방법 및 프로세스에 대해 모른다면 창업 준비가 제대로 되지 않은 것처럼 인식된다. 아래 그림은 필자의 창업 아이템 중 하나인 IoT 소비재의 개발 Flow이다. 창업자에게는 각각의 개발 역량보다도 다음 그림처럼 도식화할 수 있는 역량이 필요하다.

협약 기간 내 개발 가능성 평가

창업자는 개발 일정을 명확히 설정하고, 단계별로 필요한 시간과 자원을 추정해야 한다. 또한, 단계별 완료 기한을 설정하여 프로젝트의 진척 상황을 모니터링하며, 필요한 경우 일정 조정 및 리스크 관리를 수행해야 한다.

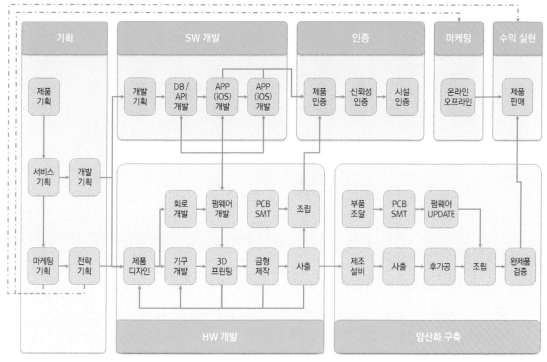

그림 18▶ 개발 프로세스

　협약 기간 내에 개발을 완료하는 데 필요한 기술 및 자원을 확보하는 것이 중요하다. 이는 프로젝트의 성공 가능성을 높이고, 정부 창업 지원 과제의 목표를 달성할 확률이 높아진다. 이 영역은 프로젝트 관리의 영역이다. 프로젝트 관리란, 뚜렷한 목적물, 제한된 자원, 최소의 비용, 한정된 기간을 바탕으로 진행한다.

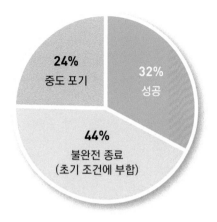

그림 19 ▶ 프로젝트 완성 비율

프로젝트 과정에서 필요한 내용은 아래와 같이 뚜렷한 결과물, 제한된 자원, 최소의 비용, 한정된 기간 안에 진행되어야 한다.

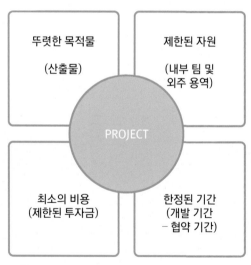

그림 20 ▶ 프로젝트 요소

ChatGPT는 아래와 같이 활용할 수 있다.

ChatGPT Prompt - 개발 방법

정부 창업지원과제 사업계획서를 작성중입니다.
정부 창업지원과제의 '개발 방법'을 작성하고자 합니다.

● 창업 과제명 : *{작성해주세요}*

위 과제에 대해서 개발 방법을 구체적으로 작성해주세요.

- 시장 조사는 완료했습니다.

요구사항 정의부터 개발 완료까지의 프로세스를 구체적인 방법으로 알려주세요.
(선택지는 필요 없습니다.)

참고해야 할 사항은 프로젝트의 프로세스란, 시작과 끝이 개발이 아닌, 배포 및 판매까지 이루어지니 결과물을 바탕으로 필요한 내용만을 참조하여 작성해야 한다. 다시 한 번 강조하지만 개발 방법은 꼭 유사한 제품을 만들어 본 경험자에게 조언을 받는 것이 중요하다. ChatGPT의 답은 일반적인 이야기일 뿐, 정답이 아니기 때문이다. 개발 단계를 이해해야 투자 자금 및 내부 인력을 기획할 수 있다.

ChatGPT의 결과물을 가지고 필요한 부분만 발췌하여 사용한다.

정부 창업지원과제 사업계획서를 작성중입니다.
정부 창업지원과제의 '개발 방법'을 작성하고자 합니다.

● 창업 과제명: 사용자의 건강 및 운동 데이터를 추적하고 분석하여 개인화된 운동 및 식단 추천을 제공하는 모바일 앱 - 헬스트레커

위 과제에 대해서 개발 방법을 구체적으로 작성해주세요.
- 시장 조사는 완료했습니다.
- 요구사항 정의부터 개발 완료까지의 프로세스를 구체적인 방법으로 알려주세요. (선택지는 필요 없습니다.)

개발 방법: 헬스트레커 모바일 앱

1. **요구사항 정의:**
   - 사용자 인터뷰: 실제 사용자들과의 인터뷰를 통해 앱에서 필요한 주요 기능 및 사용자 경험 요구사항을 파악합니다.
   - 기존 서비스 분석: 비슷한 기능을 가진 다른 앱들을 분석하여 강점과 약점을 파악합니다.
   - 피드백 수집: 프로토타입이나 초기 아이디어에 대한 피드백을 모아 수정 및 보완합니다.
2. **설계:**
   - 정보 구조 설계: 앱 내에서의 데이터 흐름 및 사용자 인터페이스의 구조를 설계합니다.
   - 사용자 경험 (UX) 설계: 사용자가 앱을 사용할 때의 경험과 흐름을 설계합니다.
   - 사용자 인터페이스 (UI) 설계: 실제 화면의 디자인, 아이콘, 컬러 스키마 등을 정합니다.
3. **개발:**
   - 프론트엔드 개발: 사용자와 직접 상호작용하는 앱의 인터페이스를 구현합니다.
   - 백엔드 개발: 서버와 데이터베이스를 구축하여 사용자 데이터, 운동 및 식단 추천 로직 등의 핵심 기능을 구현합니다.
   - API 통합: 필요한 외부 서비스나 데이터를 연동합니다. 예) 건강 데이터 추적 기기와의 연동
4. **데이터 분석 및 알고리즘 구현:**
   - 데이터 수집: 사용자의 건강 및 운동 데이터를 실시간으로 수집합니다.
   - 데이터 분석: 수집된 데이터를 분석하여 사용자의 운동 및 식습관 패턴을 파악합니다.
   - 추천 알고리즘 개발: 분석된 데이터를 기반으로 개인화된 운동 및 식단을 추천하는 알고리즘을 개발합니다.
5. **테스트:**
   - 알파 테스트: 내부 팀원들로부터 앱의 기능 및 버그를 확인합니다.
   - 베타 테스트: 실제 사용자 대상으로 앱을 배포하여 피드백을 수집하고 문제점을 수정합니다.
6. **배포 및 유지 보수:**
   - 앱스토어 배포: Google Play Store, Apple App Store 등의 플랫폼에 앱을 공개합니다.
   - 유지 보수: 앱 사용자들의 피드백 및 앱 내의 버그, 오류를 지속적으로 모니터링하고 개선합니다.
7. **마케팅 및 홍보:**
   - 사전 홍보: 앱 출시 전에 SNS, 블로그, 유튜브 등의 채널을 활용하여 앱에 대한 홍보를 진행합니다.
   - 출시 홍보: 앱 출시 시 기자회견, 프레스 릴리즈, 인플루언서와의 협업 등 다양한 방법으로 홍보합니다.
8. **피드백 반영 및 지속적 개선:**
   - 사용자 피드백 수집: 앱스토어 리뷰, 직접적인 사용자 피드백 등을 통해 사용자의 의견을 수집합니다.
   - 기능 추가 및 개선: 사용자의 요구사항과 시장의 변화에 따라 앱의 기능을 추가하거나 개선합니다.

이러한 방법을 통해 헬스트레커 앱은 사용자의 건강 및 운동 데이터를 효과적으로 분석하고 개인화된 서비스를 제공할 것입니다.

'개발 방법' 작성 예시 ⓐ

'사용자의 건강 및 운동 데이터를 추적하고 분석하여 개인화된
운동 및 식단 추천을 제공하는 모바일 앱 – 핼스트레커'

■ 설계

- 정보 구조 설계 : 앱 내에서의 데이터 흐름 및 사용자 인터페이스의 구조를 설계합니다.
- 사용자 경험(UX) 설계 : 사용자가 앱을 사용할 때의 경험과 흐름을 설계합니다.
- 사용자 인터페이스(UI) 설계 : 실제 화면의 디자인, 아이콘, 컬러 스키마 등을 정합니다.

■ 개발

- 프론트엔드 개발 : 사용자와 직접 상호작용하는 앱의 인터페이스를 구현합니다.
- 백엔드 개발 : 서버와 데이터베이스를 구축하여 사용자 데이터, 운동 및 식단 추천 로직 등의 핵심 기능을 구현합니다.
- API 통합 : 필요한 외부 서비스나 데이터를 연동합니다.
  예) 건강 데이터 추적 기기와의 연동

■ 데이터 분석 및 알고리즘 구현

- 데이터 수집 : 사용자의 건강 및 운동 데이터를 실시간으로 수집합니다.
- 데이터 분석 : 수집된 데이터를 분석하여 사용자의 운동 및 식습관 패턴을 파악합니다.
- 추천 알고리즘 개발 : 분석된 데이터를 기반으로 개인화된 운동 및 식단을 추천하는 알고리즘을 개발합니다.

■ 테스트

- 알파 테스트 : 내부 팀원들로부터 앱의 기능 및 버그를 확인합니다.
- 베타 테스트 : 실제 사용자 대상으로 앱을 배포하여 피드백을 수집하고 문제점을 수정합니다.

'개발 방법' 작성 예시 ⓑ

'사용자가 원격으로 반려견의 먹이를 제공하고, 먹이 섭취량을
모니터링 할 수 있게 해주는 하드웨어 제품 – 펫피터'

■ 시스템 아키텍처 설계

- 전체 시스템의 구성 요소를 정의하고, 각 구성 요소간의 상호작용을 설계합니다. 이에
는 하드웨어 모듈, 센서, 통신 모듈, 소프트웨어 애플리케이션 등이 포함됩니다.

■ 프로토타입 개발

- 초기 버전의 펫피터를 제작하여 기본 기능을 테스트합니다.
- 사용자 인터페이스, 알림 기능, 먹이 섭취량 측정 센서의 정확도 등을 검증합니다.

■ 하드웨어 및 소프트웨어 개발

- 하드웨어 : 먹이 저장 탱크, 섭취량 측정 센서, 통신 모듈, 배터리, 사용자 인터페이
스 등의 하드웨어 구성 요소를 개발 및 최적화합니다.
- 소프트웨어 : 원격 제어, 섭취량 모니터링, 사용자 알림 등의 기능을 위한 애플리케이
션 및 펌웨어를 개발합니다.

■ 통합 및 테스트

- 하드웨어와 소프트웨어를 통합하고, 전체 시스템의 기능 및 성능을 테스트합니다.
- 문제점 및 개선 사항을 파악하고 수정합니다.

개발 단계 및 진행 정도(협약기간 내 개발 가능성)

개발 단계 및 진행 정도는 창업자의 프로젝트가 현재 어떤 단계에 위치하며, 앞으로 어떻게 진행될 것인지를 평가하는 중요한 지표이다. 이는 평가자에게 프로젝트의 실행 가능성과 창업자의 준비도를 보여주는 역할을 한다.

▌ **개발 진척률** : 개발 진척률은 현재까지 프로젝트가 얼마나 진행되었는지를 나타낸다. 예를 들어, 기술 검증(Technology Readiness Level, TRL) 단계는 어떤 단계에 이르렀는지, 프로토타입은 제작되었는지, 시험이나 테스트는 어떤 단계까지 완료되었는지 등을 구체적으로 서술한다. 현시점에서의 개발 진척도를 정확하게 파악하고 이를 명확하게 전달하는 것이 중요하다.

▌ **준비도** : 준비도는 프로젝트의 다음 단계로 진행하기 위한 준비 상태를 나타낸다. 예를 들어, 필요한 기술, 인력, 자금, 장비 등이 충분히 확보되었는지, 관련 법률 및 규정을 이행하고 있는지 등을 검토한다. 창업자는 준비도를 높이기 위해 어떤 노력을 기울였으며, 앞으로 어떤 계획을 세웠는지를 상세하게 서술한다.

▌ **개발 일정 및 마일스톤** : 개발 일정은 프로젝트의 중요한 마일스톤과 이를 달성하기 위한 일정을 명시한다. 각 마일스톤에 대한 목표 날짜, 달성 기준, 그리고 필요한 자원을 구체적으로 기술한다. 이는 평가자에게 프로젝트의 진행 상황을 쉽게 파악할 수 있도록 돕는다.

이러한 내용을 통해 창업자는 자신의 프로젝트의 개발 단계 및 진행 정도를 효과적으로 전달할 수 있으며, 평가자는 프로젝트의 진행 가능성과 창업자의 준비도를 정확히 파악할 수 있다. 이는 정부 창업 지원 과제의 성공적인 수행을 위한 기반을 마련하는 데 도움을 제공한다.

이 내용을 작성하기 위해 아래의 단어를 이해해보도록 하자.

▎ WBS : WBS는 프로젝트를 관리하고 실행하는 데 필요한 작업을 분해하고 조직화하는 프로세스를 말한다. 이는 프로젝트의 전반적인 범위와 구조를 명확하게 이해하고, 각 작업의 일정, 비용, 자원 요구사항 등을 정확하게 계획하고 추적하기 위해 사용된다. WBS는 프로젝트의 세부 작업을 나열하며, 이러한 작업을 구조화하여 프로젝트의 전체 범위를 명확하게 정의한다.

▎ M/M : M/M은 프로젝트의 작업량을 측정하고 계획하기 위해 사용되는 단위이다. 하나의 M/M은 한 사람이 한 달 동안 수행할 수 있는 작업량을 나타낸다. 예를 들어, 프로젝트의 일정을 계획할 때, 특정 작업을 완료하기 위해 필요한 M/M을 계산하여 인력 자원의 필요량을 예측하고, 프로젝트의 전체 일정과 비용을 계획할 수 있다. 일반적으로 한 사람이 하루 8시간 일할 경우의 업무량을 M/D(Man Day)라고 표현하며, M/M(Mam Month)는 한 명이 하루 8시간 일하고, 한 달간의 업무를 말한다.

이 두 단어는 프로젝트 관리의 중요한 부분을 나타내며, 프로젝트의 일정, 비용, 자원 등을 계획하고 관리하는 데 도움이 된다. 특히, WBS는 프로젝트의 구조와 범위를 명확하게 정의하고 관리하는 데 필요하며, M/M은 프로젝트의 작업량을 측정하고 인력 자원의 필요량을 예측하는 데 사용된다.

ChatGPT를 어떻게 활용할 수 있을까?

목차에서도 알 수 있듯이, '②개발 방법(개발 방법의 이해도)'과 '③개발 단계 및 진행 정도(협약기간 내 개발 가능성)'는 연결되어 있다.

ChatGPT에서 '②개발 방법(개발 방법의 이해도)'의 결과물을 바탕으로 개발 영역만 뽑은 뒤, ChatGPT에 활용한다.

앞 장에서 도출된 내용은 오른쪽과 같다.

여기에서 개발 프로세스에 필요한 부분은 '2. 설계부터 5. 테스트'까지 다시 입력할 것이다. 아래 붉은색이 '②개발 방법(개발 방법의 이해도)'에서 개발 프로세스만 복사한 부분이다.

정부 창업지원과제 사업계획서를 작성중입니다.
정부 창업지원과제의 '개발 방법'을 작성하고자 합니다.

● 창업 과제명: 사용자의 건강 및 운동 데이터를 추적하고 분석하여 개인화된 운동 및 식단 추천을 제공하는 모바일 앱 - 헬스트래커

위 과제에 대해서 개발 방법을 구체적으로 작성해주세요.
- 시장 조사는 완료했습니다.
- 요구사항 정의부터 개발 완료까지의 프로세스를 구체적인 방법으로 알려주세요. (선택지는 필요 없습니다.)

개발 방법: 헬스트래커 모바일 앱

1. **요구사항 정의:**
   - 사용자 인터뷰: 실제 사용자들과의 인터뷰를 통해 앱에서 필요한 주요 기능 및 사용자 경험 요구사항을 파악합니다.
   - 기존 서비스 분석: 비슷한 기능을 가진 다른 앱들을 분석하여 강점과 약점을 파악합니다.
   - 피드백 수집: 프로토타입이나 초기 아이디어에 대한 피드백을 모아 수정 및 보완합니다.
2. **설계:**
   - 정보 구조 설계: 앱 내에서의 데이터 흐름 및 사용자 인터페이스의 구조를 설계합니다.
   - 사용자 경험 (UX) 설계: 사용자가 앱을 사용할 때의 경험과 흐름을 설계합니다.
   - 사용자 인터페이스 (UI) 설계: 실제 화면의 디자인, 아이콘, 컬러 스키마 등을 정합니다.
3. **개발:**
   - 프론트엔드 개발: 사용자와 직접 상호작용하는 앱의 인터페이스를 구현합니다.
   - 백엔드 개발: 서버와 데이터베이스를 구축하여 사용자 데이터, 운동 및 식단 추천 로직 등의 핵심 기능을 구현합니다.
   - API 통합: 필요한 외부 서비스나 데이터를 연동합니다. 예) 건강 데이터 추적 기기와의 연동
4. **데이터 분석 및 알고리즘 구현:**
   - 데이터 수집: 사용자의 건강 및 운동 데이터를 실시간으로 수집합니다.
   - 데이터 분석: 수집된 데이터를 분석하여 사용자의 운동 및 식습관 패턴을 파악합니다.
   - 추천 알고리즘 개발: 분석된 데이터를 기반으로 개인화된 운동 및 식단을 추천하는 알고리즘을 개발합니다.
5. **테스트:**
   - 알파 테스트: 내부 팀원들로부터 앱의 기능 및 버그를 확인합니다.
   - 베타 테스트: 실제 사용자 대상으로 앱을 배포하여 피드백을 수집하고 문제점을 수정합니다.
6. **배포 및 유지 보수:**
   - 앱스토어 배포: Google Play Store, Apple App Store 등의 플랫폼에 앱을 공개합니다.
   - 유지 보수: 앱 사용자들의 피드백 및 앱 내의 버그, 오류를 지속적으로 모니터링하고 개선합니다.
7. **마케팅 및 홍보:**
   - 사전 홍보: 앱 출시 전에 SNS, 블로그, 유튜브 등의 채널을 활용하여 앱에 대한 홍보를 진행합니다.
   - 출시 홍보: 앱 출시 시 기자회견, 프레스 릴리즈, 인플루언서와의 협업 등 다양한 방법으로 홍보합니다.
8. **피드백 반영 및 지속적 개선:**
   - 사용자 피드백 수집: 앱스토어 리뷰, 직접적인 사용자 피드백 등을 통해 사용자의 의견을 수집합니다.
   - 기능 추가 및 개선: 사용자의 요구사항과 시장의 변화에 따라 앱의 기능을 추가하거나 개선합니다.

이러한 방법을 통해 헬스트래커 앱은 사용자의 건강 및 운동 데이터를 효과적으로 분석하고 개인화된 서비스를 제공할 것입니다.

정부 창업지원과제 사업계획서를 작성 중입니다.
정부 창업지원과제의 '개발 단계 및 진행 정도'를 작성하고자 합니다.

[창업 아이템]
{작성해주세요}

[개발 프로세스]
{개발 방법을 작성해주세요}

[제약 조건]
- 기간 : *{작성해주세요}*
- 내부 개발 역량 : *{작성해주세요}*

[출력 조건]
- WBS를 작성해주세요.
- 기간과 M/M를 명기해주세요.
- 내부와 외부를 구별하여 작성해주세요.
- 프로젝트의 프로세스를 알기 위해 넘버링을 사용해주세요.
- 표로 작성해주세요.

이전에 작성한 부분과 연결되어야 하므로 작성할 부분이 많다. 이해하기 쉽게 프롬프트에 작성한 내용을 모두 작성해보면, 아래와 같다.

정부 창업지원과제 사업계획서를 작성중입니다.
정부 창업지원과제의 '개발 단계 및 진행 정도'를 작성하고자 합니다.

[창업 아이템]
　사용자의 건강 및 운동 데이터를 추적하고 분석하여 개인화된 운동 및 식단 추천을 제공
하는 모바일 앱 - 핼스트레커

[개발 프로세스]
　설계 : 정보 구조 설계 : 앱 내에서의 데이터 흐름 및 사용자 인터페이스의 구조를 설계합니다.
　사용자 경험(UX) 설계 : 사용자가 앱을 사용할 때의 경험과 흐름을 설계합니다.
　사용자 인터페이스(UI) 설계 : 실제 화면의 디자인, 아이콘, 컬러 스키마 등을 정합니다.
　개발 : 프론트엔드 개발 : 사용자와 직접 상호작용하는 앱의 인터페이스를 구현합니다.
　백엔드 개발 : 서버와 데이터베이스를 구축하여 사용자 데이터, 운동 및 식단 추천 로직 등
의 핵심 기능을 구현합니다.
　API 통합 : 필요한 외부 서비스나 데이터를 연동합니다. 예) 건강 데이터 추적 기기와의 연동
　데이터 분석 및 알고리즘 구현 : 데이터 수집 : 사용자의 건강 및 운동 데이터를 실시간으로
수집합니다.
　데이터 분석 : 수집된 데이터를 분석하여 사용자의 운동 및 식습관 패턴을 파악합니다.
　추천 알고리즘 개발 : 분석된 데이터를 기반으로 개인화된 운동 및 식단을 추천하는 알고리
즘을 개발합니다.
　테스트 : 알파 테스트 : 내부 팀원들로부터 앱의 기능 및 버그를 확인합니다.
　베타 테스트 : 실제 사용자 대상으로 앱을 배포하여 피드백을 수집하고 문제점을 수정합니다.

[제약 조건]
　- 기간 : 7개월
　- 내부 개발 역량 : 기획, UX 개발, 프론트엔드 개발

[출력 조건]
　- WBS를 작성해주세요.
　- 기간과 M/M를 명기해주세요.
　- 내부와 외부를 구별하여 작성해주세요.
　- 프로젝트의 프로세스를 알기 위해 넘버링을 사용해주세요.
　- 표로 작성해주세요.

물론입니다. 아래는 요청하신 **WBS**를 표 형식으로 작성한 내용입니다:

번호	작업명	부서/업체	기간	M/M
1.	**요구사항 정의**		**1개월**	
1.1	사용자 인터뷰	기획 (내부)	2주	1
1.2	기존 서비스 분석	기획 (내부)	1주	1
1.3	피드백 수집	기획 (내부)	2주	1
2.	**설계**		**1.5개월**	
2.1	정보 구조 설계	UX 개발 (내부)	2주	1
2.2	사용자 경험 (UX) 설계	UX 개발 (내부)	3주	1
2.3	사용자 인터페이스 (UI) 설계	UI 디자인 업체 (외부)	2주	1
3.	**개발**		**3개월**	
3.1.1	주요 기능 개발	프론트엔드 개발 (내부)	1.5개월	2
3.1.2	서브 기능 개발	프론트엔드 개발 (내부)	1개월	2
3.2	백엔드 개발	백엔드 개발 업체 (외부)	2.5개월	3
3.3	API 통합	API 제공 업체 (외부)	1개월	1
4.	**데이터 분석 및 알고리즘 구현**		**1개월**	
4.1	데이터 수집 구현	데이터 분석 업체 (외부)	2주	1
4.2	데이터 분석 로직 구현	데이터 분석 업체 (외부)	2주	1
4.3	추천 알고리즘 개발	데이터 분석 업체 (외부)	2주	1
5.	**테스트**		**0.5개월**	
5.1	알파 테스트	모든 팀 (내부)	1주	3
5.2	베타 테스트	테스트 사용자 그룹 (외부)	2주	1

위 표는 작업의 구체적인 내용, 해당 작업을 담당할 부서나 업체, 작업 기간, 그리고 필요한 인력 (M/M)을 한 눈에 파악할 수 있도록 구성하였습니다.

※ 기간은 협약 기간에서 20% 정도 빼서. 여유 시간을 확보하자.
※ 외부라고 표기된 것은, 외주 개발을 의미한다. 따라서, 외주 영역은 미리 확인해 봐야 한다.
※ 해당 내용은 필히, 경험자에게 조언받도록 한다.

이 결과물을 바탕으로, 사업계획서의 포맷에 맞추어 적용한다. 중요한 점은 많은 조건을 입력했다고 하더라도, 창업자의 실제 조건과 완벽히 맞을 수는 없다. 따라서 창업 기업의 조건과 조직도, 내부 역량 등에 맞추어 해당 프로세스를 접목하고, 개발 절차를 이해하여 작성하도록 해야 한다. 이 결과물은 참조하는데 사용한다.

04 기술보호계획

기술보호계획은 창업자가 개발한 기술이나 제품이 외부의 위협으로부터 안전하게 보호될 수 있도록 하는 전략을 구체적으로 서술하는 부분이다. 이 계획은 기술의 독창성과 가치를 유지하며, 투자자와 고객의 신뢰를 얻는 데 매우 중요하다. 또한, 기술 보호 계획은 기술 유출을 방지하고, 경쟁력을 유지하며, 기술의 상용화 및 시장 진입에 필요한 기반을 마련한다. 이는 창업자에게 기술의 소유권을 보장하고, 향후 기술개발과 상용화할 수 있도록 도움을 준다.

▍ **기술보호의 필요성** : 기술의 독창성과 지식재산은 창업 기업의 핵심 자산이다. 이러한 자산을 효과적으로 보호하고 관리하는 것은 기업의 지속 가능성과 시장 경쟁력을 높이는 데 중요하다. 또한, 기술 유출이나 침해에 대한 리스크를 최소화하여 기업의 긍정적인 이미지와 신뢰를 구축하고 유지하는 데 도움이 된다.

▎ **법적 보호** : 기술보호를 위해 법적인 절차를 이해하고 이를 준수하는 것이 필수적이다. 여기에는 특허, 상표, 저작권 등의 지식재산권을 등록하고 유지하는 것이 포함된다. 또한, 기술이나 제품의 개발과 관련된 계약서에는 명확한 기술보호 조항을 포함시켜야 한다.

▎ **내부 보호 메커니즘 구축** : 기업 내부에서 기술보호를 위한 정책과 절차를 마련하고 이를 철저히 이행하는 것이 중요하다. 직원 교육, 보안 시스템 구축, 기술 유출을 방지하기 위한 내부 검토 및 감사 프로세스 등이 포함된다.

▎ **기술보호 계획의 상세 내용** : 기술보호 계획서에는 기술의 독창성을 어떻게 보호할 것인지, 법적 절차는 어떻게 이행할 것인지, 내부 보호 메커니즘은 어떻게 구축할 것인지에 대한 상세한 방안을 기술해야 한다. 이는 창업자의 기술보호 의지와 준비도를 보여주며, 투자자와 고객에게 기술의 가치와 신뢰성을 강조한다.

▎ **기술보호에 대한 지속적인 노력** : 기술보호는 한 번의 노력으로 끝나는 것이 아니라 지속적인 관리와 노력이 필요하다. 창업자는 기술의 가치를 유지하고 향상하기 위해 지속해서 기술보호 계획을 검토하고 개선해야 한다.

이러한 내용을 통해 예비창업자들은 기술보호의 중요성과 그 방법에 대해 이해할 수 있으며, 이를 통해 자신의 창업 아이디어와 기술을 효과적으로 보호하고 발전시킬 수 있는 기반을 마련할 수 있다.

프롬프트의 결과물을 바탕으로 창업자가 적용할 수 있는 부분을 발췌하여
작성한다.

'기술보호계획' 작성 예시

'사용자의 건강 및 운동 데이터를 추적하고 분석하여 개인화된 운동 및 식단 추천을 제공하는 모바일 앱 - 핼스트레커'

■ 개발 과정에서의 기술보호 조치

- 데이터 보호 및 암호화
  - 개발 중인 데이터는 암호화하여 저장하며, 개발자 및 관련 직원들만 접근할 수 있도록 한다.
  - 사용자의 건강 및 운동 데이터는 개인식별 정보와 분리하여 저장하고 처리한다.
- 소스 코드 관리
  - 모든 소스 코드는 비공개 저장소에서 관리한다.
  - 코드 변경 시 리뷰 과정을 거쳐서 승인된 코드만 병합한다.
- 외부 서비스 연동 보안
  - 외부 API나 서비스를 연동할 때는 OAuth나 토큰 기반 인증을 사용한다.
  - API 키나 비밀번호는 환경 변수나 별도의 보안 파일에 저장하여 코드에 직접적으로 노출되지 않도록 한다.
- 정기적인 보안 교육
  - 개발자 및 관련 직원들에게 보안에 대한 교육을 정기적으로 제공하여 인식을 높인다.

■ 개발 산출물에서의 기술보호 조치

- 데이터 암호화
  - 사용자의 건강 및 운동 데이터를 앱 내부에 저장할 경우, 데이터베이스 암호화를 적용한다.
  - 데이터 전송 시에는 SSL/TLS를 사용하여 암호화된 채로 전송한다.
- 앱 보안 강화
  - 앱의 바이너리 보호, 코드 난독화 및 무결성 검사 기능을 적용하여 리버스 엔지니어링을 어렵게 한다.
  - 앱 내부에서 민감한 정보를 저장할 경우, 보안 강화된 저장소를 사용한다.
- 사용자 권한 최소화
  - 앱이 요구하는 사용자 권한을 최소화하여, 불필요한 데이터 접근을 방지한다.
- 익명화 및 데이터 최소화
  - 사용자의 개인식별 정보와 건강 및 운동 데이터를 분리하여 처리하고, 필요한 경우에만 최소한의 데이터를 수집하도록 한다.

창업 아이템의 차별화 방안

창업 아이템의 성공은 차별화된 가치에서 크게 좌우된다. 여기서는 창업 아이템의 차별화 방안을 탐구하여, 창업자들이 자신의 제품이나 서비스를 시장에서 부각되게 하는 방법을 이해한다. 창업 아이템의 차별화는 경쟁제품과의 비교와 기업의 보유역량을 기반으로 이루어진다.

첫 번째로, 경쟁제품 비교를 통해 창업 아이템의 차별화된 솔루션을 명확하게 정의한다. 이 과정에서는 시장에 존재하는 유사한 제품이나 서비스와의 차이점을 분석하고, 우리의 제품이나 서비스가 제공하는 고유한 가치와 이점을 강조한다.

다음으로, 보유역량 기반의 경쟁력 확보 방안을 통해 창업 아이템의 솔루션 경쟁력을 높인다. 이 부분에서는 기업의 기술적, 인적, 운영의 역량을 점검하고, 이러한 역량을 어떻게 활용하여 제품이나 서비스의 경쟁력을 강화할 것인지에 대한 구체적인 전략을 제시한다.

이러한 방식을 통해, 창업자들은 자신의 창업 아이템의 차별화된 가치를 명확히 인식하고, 시장에서 경쟁력을 확보하는 방법을 통찰할 수 있다. 창업자들이 시장에서 성공적으로 경쟁하고, 지속할 수 있는 사업 모델을 구축하는 데 필요한 핵심 지식과 전략을 제공한다.

01 경쟁제품 비교 (솔루션의 차별화)

경쟁제품 비교는 창업 아이템의 차별화된 가치를 명확하게 이해하고 시장에서의 위치를 파악하는 데 중요한 단계이다. 이 과정에서는 다음과 같은 주요 요소들을 검토한다.

시장 분석

- 시장에 존재하는 유사 제품이나 서비스를 조사한다.
- 타겟 시장의 특성과 소비자의 요구를 분석한다.

경쟁제품의 기능과 특성 비교

- 각 경쟁제품의 기능, 사용방법, 가격, 품질 등을 비교 분석한다.
- 경쟁제품의 장단점을 식별하고, 창업 아이템의 장점을 강조한다.

기술적 차별화

- 창업 아이템의 기술적 혁신과 경쟁제품과의 기술적 차이점을 분석한다.
- 기술적 우위를 확보하기 위한 전략을 구체화한다.

가격 경쟁력

- 창업 아이템의 가격과 경쟁제품의 가격을 비교하며, 가격 경쟁력을 분석한다.
- 가격 설정 전략을 통해 시장 점유율 확보 및 매출 증대 전략을 수립한다.

고객 피드백 및 시장 반응

- 고객의 피드백과 시장 반응을 수집하여, 창업 아이템의 강점과 약점을 파악한다.
- 경쟁제품과의 비교를 통해 창업 아이템의 개선점을 도출하고, 개선 전략을 수립한다.

이러한 비교 분석을 통해 창업자는 창업 아이템의 차별화된 가치와 시장에서의 경쟁력을 명확하게 이해할 수 있게 되며, 이를 기반으로 창업 아이템의 개선과 마케팅 전략을 보다 효과적으로 수립할 수 있다. 이는 창업 아이템의 시장 점유율 확대와 지속적인 성장을 위한 핵심적인 기반을 마련하는 데에 기여한다.

ChatGPT를 사용하기 전에, '5장. Solution(솔루션)' > '1. 개발 방안 / 진행(준비) 정도' > '① 최종 산출물(최종 산출물의 평가 가능성)'에서 정의한, 주요 스팩이 준비물로 필요하다.

ChatGPT는 아래와 같이 활용이 가능하다.

정부 창업지원과제 사업계획서를 작성중입니다.

● 창업 과제명 : *{입력해주세요}*
해당 아이템으로, 아래와 같이 작성하려고 합니다.

1. 경쟁제품과의 기능 및 특성 비교
- 우리 창업아이템의 경쟁 제품 3가지를 선정해서, 경쟁제품과의 기능, 사용성, 가격, 품질 등 주요 항목을 설정하고 이를 표로 비교 분석해주세요. (맨 왼쪽에 우리 제품을, 우측에 3개의 경쟁 제품을 나열해주세요.)
- 우리 창업아이템의 주요 스펙은 아래와 같습니다.
{입력해주세요}

2. 경쟁 구조의 분석

3. 경쟁력 확보 방안

4. 시장 점유율 및 경쟁 전략

5. 차별화 전략
    1) 창업 아이템의 장단점
        - 경쟁제품 대비, 우리 창업 아이템의 장단점을 작성해주세요.
    2) 차별화 전략
        - 경쟁제품 대비, 차별화 전략을 작성해주세요.

6. 고객 피드백 및 시장 반응을 통한, 개선 전략
- 경쟁사의 고객 피드백 및 시장 반응을 분석하여 우리 창업 아이템의 개선 전략을 수립해주세요.

7. 보유역량 기반의 경쟁력 확보 방안
- 자사의 역량은 아래와 같습니다.
{자사의 역량을 입력해주세요.}

[출력 조건]
※ 꼭 인터넷에 접속하여 근거 있는 자료를 분석해주세요.
※ 위의 내용을 바탕으로 추천 및 작성 부탁합니다.

내용이 많아서, 하나씩 작성해주세요. 제가 '계속'이라고 입력하면, 그 다음을 작성해주세요.

ChatGPT 프롬프트 팁 하나를 이해하도록 한다.

프롬프트를 보면, 맨 하단에 "내용이 많아서, 하나씩 작성해주세요. 제가 '계속'이라고 입력하면, 그다음을 작성해주세요." 이렇게 입력하였다. 이 이유는 인터넷 검색을 하면서, 검색량이 많으면 ChatGPT가 정리할 때 문제가 생기는 경우가 종종 발생해서 이렇게 진행하면 편리하다.

또, 다른 방법은 각각을 별도로 질문하면 된다. 이 프롬프트에서는 일관된 정보의 가공이 필요하기 때문에 아래와 같이 총 7가지의 분석을 요청했다.

- 경쟁제품과의 기능 및 특성 비교
- 경쟁 구조의 분석
- 경쟁력 확보 방안
- 시장 점유율 및 경쟁 전략
- 차별화 전략
- 고객 피드백 및 시장 반응을 통한, 개선 전략
- 보유역량 기반의 경쟁력 확보 방안

프롬프트에서 연결되는 항목은 총 3가지 항목으로 구분되어 있지만, 한 번에 작성하도록 요청했다. 예상되는 출력을 바탕으로 기재할 부분을 나누어 보았다.

ChatGPT 출력	ⓐ	ⓑ	ⓒ
경쟁제품과의 기능 및 특성 비교	○	○	
경쟁 구조의 분석	○		
경쟁력 확보 방안	○		
시장 점유율 및 경쟁 전략	○		
차별화 전략		○	
개선 전략		○	
보유역량 기반의 경쟁력 확보 방안			○

ⓐ 경쟁(시장에 대한 포인트) : '4장. Problem(고객의 문제)' 〉 '2. 아이템의 목표시장 분석' 〉 '③ 경쟁 분석 (경쟁력 분석 및 확보 방안)'
ⓑ 경쟁(솔루션에 대한 포인트) : '5장. Solution(솔루션)' 〉 '2. 창업 아이템의 차별화 방안' 〉 '① 경쟁제품 비교(솔루션의 차별화)'
ⓒ 경쟁(내부 역량에 대한 포인트) : '5장. Solution(솔루션)' 〉 '2. 창업 아이템의 차별화 방안' 〉 '② 보유역량 기반의 경쟁력 확보 방안(솔루션의 경쟁력)'

위와 같이, '경쟁력 분석 및 확보 방안', '솔루션의 차별화', '보유역량 기반 의 경쟁력 확보 방안'의 목차가 위처럼 발췌하여 정리하면 된다. 이 부분은 내 용이 아주 많아 여러 장의 결과물을 예시로 표현한다. 이미지가 많으니 직접 수행하면서 확인한다.

정부 창업지원과제 사업계획서를 작성중입니다.

● 창업 과제명: 사용자의 건강 및 운동 데이터를 추적하고 분석하여 개인화된 운동 및 식단 추천을 제공하는 모바일 앱 - 헬스트래커

해당 아이템으로, 아래와 같이 작성하려고 합니다.

1. 경쟁제품과의 기능 및 특성 비교
- 우리 창업아이템의 경쟁 제품 3가지를 선정해서, 경쟁제품과의 기능, 사용성, 가격, 품질 등 주요 항목을 설정하고 이를 표로 비교 분석해주세요. (맨 왼쪽에 우리 제품을, 우측에 3개의 경쟁 제품을 나열해주세요.)

- 우리 창업아이템의 주요 스펙은 아래와 같습니다.
플랫폼:iOS, Android
UI: 직관적이고 사용자 친화적인 디자인
데이터 추적: 심박수, 걸음 수, 소모 칼로리, 수면 패턴 등
데이터 분석: 개인화된 건강 보고서 생성
운동 추천: 사용자의 건강 데이터 및 선호도를 기반으로 한 운동 추천
식단 추천:사용자의 영양소 섭취 상태와 목표에 맞는 식단 추천
소셜 기능: 다른 사용자들과의 경쟁 및 공유 기능
푸시 알림: 일일 운동 목표 달성 시, 미달성 시 알림 제공
동기화: 다른 건강 관련 앱 및 기기와의 데이터 동기화 기능
※ 부족한 부분은 추천하여 기재해주세요.
※ 인터넷에 접속하여 근거있는 자료를 분석해주세요.

2. 경쟁 구조의 분석
※ 인터넷에 접속하여 근거있는 자료를 분석해주세요.
※ 위에서 선정한 경쟁 제품과의 경쟁 구조를 분석해주세요.

3. 경쟁력 확보 방안
※ 인터넷에 접속하여 근거있는 자료를 분석해주세요.
※ 위에서 선정한 경쟁 제품과의 경쟁력 확보 방안을 분석해주세요.

4. 시장 점유율 및 경쟁 전략
※ 인터넷에 접속하여 근거있는 자료를 분석해주세요.
※ 위에서 선정한 경쟁 제품과의 시장 점유율 및 경쟁 전략을 분석해주세요.

5. 차별화 전략
 1)창업 아이템의 장단점
  - 경쟁제품 대비, 우리 창업 아이템의 장단점을 작성해주세요.
 2)차별화 전략
  - 경쟁제품 대비, 차별화 전략을 작성해주세요.

※ 인터넷에 접속하여 근거있는 자료를 분석해주세요.
※ 위에서 선정한 경쟁 제품과의 분석해주세요.

6. 고객 피드백 및 시장 반응을 통한, 개선 전략
 - 경쟁사의 고객 피드백 및 시장 반응을 분석하여 우리 창업 아이템의 개선 전략을 수립해주세요.

※ 인터넷에 접속하여 근거있는 자료를 분석해주세요.
※ 위에서 선정한 경쟁사의 고객 피드백 및 시장 반응을 통해 분석해주세요.

7. 보유역량 기반의 경쟁력 확보 방안
 - 자사의 역량은 아래와 같습니다.
기획, Android 개발력, 마케팅 실행력 보유.

[출력 조건]
- 위의 내용을 바탕으로 작성해주세요.

내용이 많아서, 하나씩 작성해주세요. 제가 '계속' 이라고 입력하면, 그 다음을 작성해주세요.

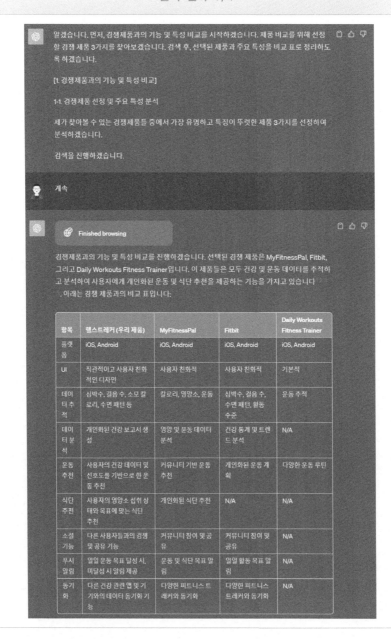

알겠습니다. 먼저, 경쟁제품과의 기능 및 특성 비교를 시작하겠습니다. 제품 비교를 위해 선정할 경쟁 제품 3가지를 찾아보겠습니다. 검색 후, 선택된 제품과 주요 특성을 비교 표로 정리하도록 하겠습니다.

[1. 경쟁제품과의 기능 및 특성 비교]

1-1. 경쟁제품 선정 및 주요 특성 분석

제가 찾아볼 수 있는 경쟁제품들 중에서 가장 유명하고 특징이 뚜렷한 제품 3가지를 선정하여 분석하겠습니다.

검색을 진행하겠습니다.

개속

Finished browsing

경쟁제품과의 기능 및 특성 비교를 진행하겠습니다. 선택된 경쟁 제품은 MyFitnessPal, Fitbit, 그리고 Daily Workouts Fitness Trainer입니다. 이 제품들은 모두 건강 및 운동 데이터를 추적하고 분석하여 사용자에게 개인화된 운동 및 식단 추천을 제공하는 기능을 가지고 있습니다. 아래는 경쟁 제품과의 비교 표입니다.

항목	핼스트레커 (우리 제품)	MyFitnessPal	Fitbit	Daily Workouts Fitness Trainer
플랫폼	iOS, Android	iOS, Android	iOS, Android	iOS, Android
UI	직관적이고 사용자 친화적인 디자인	사용자 친화적	사용자 친화적	기본적
데이터 추적	심박수, 걸음 수, 소모 칼로리, 수면 패턴 등	칼로리, 영양소, 운동	심박수, 걸음 수, 수면 패턴, 활동 수준	운동 추적
데이터 분석	개인화된 건강 보고서 생성	영양 및 운동 데이터 분석	건강 통계 및 트렌드 분석	N/A
운동 추천	사용자의 건강 데이터 및 선호도를 기반으로 한 운동 추천	커뮤니티 기반 운동 추천	개인화된 운동 계획	다양한 운동 루틴
식단 추천	사용자의 영양소 섭취 상태와 목표에 맞는 식단 추천	개인화된 식단 추천	N/A	N/A
소셜 기능	다른 사용자들과의 경쟁 및 공유 기능	커뮤니티 참여 및 공유	커뮤니티 참여 및 공유	N/A
푸시 알림	일일 운동 목표 달성 시, 미달성 시 알림 제공	운동 및 식단 목표 알림	일일 활동 목표 알림	N/A
동기화	다른 건강 관련 앱 및 기기와의 데이터 동기화 기능	다양한 피트니스 트래커와 동기화	다양한 피트니스 트래커와 동기화	N/A

계속

[2. 경쟁 구조의 분석]

2-1. 경쟁 제품과의 경쟁 구조 분석

경쟁 제품과의 경쟁 구조를 이해하기 위해서는 시장의 주요 플레이어들이 어떤 전략을 취하고 있으며, 어떤 기능과 서비스를 제공하고 있는지 파악해야 합니다. 현재 시장에서 MyFitnessPal, Fitbit, 그리고 Daily Workouts Fitness Trainer는 각각의 특색을 가지고 있습니다.

* **MyFitnessPal**: 이 앱은 영양 및 운동 데이터를 중심으로 사용자에게 개인화된 식단과 운동 추천을 제공합니다. 또한 커뮤니티 기능을 통해 사용자들이 서로 동기를 부여하고 정보를 공유할 수 있도록 지원합니다.
* **Fitbit**: Fitbit은 웨어러블 기기와 함께 운영되며, 심박수, 걸음 수, 수면 패턴 등의 건강 데이터를 추적합니다. 또한 개인화된 운동 계획을 제공하고, 사용자들이 커뮤니티에 참여하도록 독려합니다.
* **Daily Workouts Fitness Trainer**: 이 앱은 다양한 운동 루틴을 제공하며, 사용자가 일일 운동 목표를 달성할 수 있도록 지원합니다.

헬스트레커는 이러한 경쟁 제품들과 비교하여 개인화된 운동 및 식단 추천, 소셜 기능, 푸시 알림, 그리고 다른 건강 관련 앱 및 기기와의 데이터 동기화 기능을 제공함으로써 경쟁력을 가질 수 있습니다.

[3. 경쟁력 확보 방안]

3-1. 경쟁 제품과의 경쟁력 확보 방안 분석

경쟁력을 확보하기 위해서는 헬스트레커의 핵심 기능을 지속적으로 개선하고, 사용자의 피드백을 적극적으로 수용하여 제품을 개선해야 합니다. 또한, 신규 사용자를 유치하고 기존 사용자의 충성도를 높이기 위한 다양한 마케팅 전략을 수립할 필요가 있습니다.

* **제품 개선**: 사용자의 건강 데이터를 더 정확하게 추적하고 분석할 수 있는 알고리즘 개발, UI/UX 개선, 다양한 운동 및 식단 추천 기능 추가 등을 통해 제품의 경쟁력을 강화합니다.
* **사용자 피드백 수용**: 사용자의 피드백을 적극적으로 수용하여 불편한 점을 개선하고, 사용자가 필요로 하는 새로운 기능을 추가합니다.
* **마케팅 전략**: 소셜 미디어 마케팅, 인플루언서 마케팅, 할인 및 프로모션 등을 통해 신규 사용자를 유치하고 기존 사용자의 충성도를 높입니다.

다음으로 진행할 내용에 대해 "계속" 이라고 입력해 주시면 감사하겠습니다.

계속

 [4. 시장 점유율 및 경쟁 전략]

4-1. 시장 점유율 분석

핸스트레커가 진입하려는 건강 및 운동 데이터 추적 앱 시장은 매우 경쟁력이 높은 시장입니다. 주요 경쟁 제품들은 이미 일정 시장 점유율을 확보하고 있으며, 사용자들의 높은 인지도와 충성도를 가지고 있습니다. MyFitnessPal, Fitbit, 그리고 Daily Workouts Fitness Trainer와 같은 앱들은 각각의 시장 점유율을 기반으로 강력한 브랜드 인식을 구축하고 있습니다.

4-2. 경쟁 전략

핸스트레커의 경쟁 전략은 다음과 같이 구성될 수 있습니다:

- **제품 차별화**: 사용자에게 제공하는 데이터 분석 및 개인화된 추천 기능을 통해 경쟁 제품들과 차별화를 도모합니다.
- **사용자 경험 개선**: 직관적이고 사용자 친화적인 UI/UX를 제공하여 사용자의 만족도를 높이고, 사용자가 앱을 지속적으로 사용하도록 유도합니다.
- **마케팅 및 홍보**: 소셜 미디어, 인플루언서 마케팅, 광고 캠페인 등을 통해 핸스트레커의 브랜드 인식을 높이고, 신규 사용자를 유치합니다.
- **파트너십 및 협력**: 건강 및 운동 관련 기관, 기업, 커뮤니티와의 파트너십을 구축하여 핸스트레커의 시장 접근성을 확장합니다.

[5. 차별화 전략]

5-1. 창업 아이템의 장단점

장점:

- 다양한 건강 및 운동 데이터 추적과 개인화된 운동 및 식단 추천 기능 제공
- 사용자 친화적인 디자인과 직관적인 UI
- 소셜 기능을 통한 커뮤니티 구축 및 사용자 간의 상호 작용 촉진

단점:

- 시장 진입 초기에는 브랜드 인식 및 사용자 기반 확보의 어려움이 있을 수 있음
- 경쟁 제품들에 비해 제품의 기능이나 서비스가 미숙할 수 있음

5-2. 차별화 전략

- **제품 기능 개선 및 확장**: 현재 시장의 경쟁 제품들이 제공하지 않는 독특하고 혁신적인 기능을 개발하여 제품의 차별화를 도모합니다.
- **사용자 커뮤니티 구축**: 사용자들이 경험과 정보를 공유할 수 있는 강력한 커뮤니티를 구축하여 사용자의 충성도를 높입니다.

"계속"이라고 입력하시면, 다음 섹션으로 진행하겠습니다.

계속

[6. 고객 피드백 및 시장 반응을 통한 개선 전략]

6-1. 경쟁사의 고객 피드백 및 시장 반응 분석

경쟁사의 고객 피드백 및 시장 반응을 분석하면, 헬스트레커의 개선 전략을 더욱 명확하게 수립할 수 있습니다. 예를 들어, 사용자들이 경쟁사 앱의 어떤 기능이 마음에 들지 않거나 어떤 기능이 부족하다고 느낀다면, 이러한 부분을 헬스트레커에서 개선하거나 추가하는 방식으로 전략을 수립할 수 있습니다.

- **경쟁사 앱 리뷰 분석**: 경쟁사 앱의 사용자 리뷰와 평점을 분석하여, 사용자들이 어떤 기능에 만족하고 어떤 부분에 불만족하는지 파악합니다.
- **시장 조사**: 시장 조사를 통해 경쟁사의 제품이 어떻게 인식되고 있으며, 어떤 부분이 시장에서 인기를 얻고 있는지 파악합니다.

6-2. 개선 전략 수립

- **제품 기능 개선**: 사용자의 피드백 및 경쟁사의 약점을 분석하여, 헬스트레커의 제품 기능을 개선합니다.
- **사용자 경험 최적화**: 사용자 인터페이스와 사용자 경험을 개선하여, 사용자의 만족도를 높이고 앱 사용을 촉진합니다.
- **지속적인 마케팅 활동**: 신규 기능 출시나 제품 개선 사항을 홍보하여, 시장에서의 인식도를 높입니다.

[7. 보유 역량 기반의 경쟁력 확보 방안]

7-1. 자사의 역량 분석

- **기획력**: 헬스트레커의 창의적이고 혁신적인 기획력은 시장에서 독특한 제품을 제공하고 경쟁력을 확보하는데 큰 장점이 됩니다.
- **Android 개발력**: 안드로이드 플랫폼에서의 강력한 개발 역량은 제품의 기술적 안정성 및 성능 개선에 기여합니다.
- **마케팅 실행력**: 효과적인 마케팅 전략과 실행력은 헬스트레커의 시장 점유율 확대 및 브랜드 인지도 향상에 중요합니다.

7-2. 경쟁력 확보 방안

- **핵심 기술 개발 및 지속적인 제품 개선**: 보유한 역량을 기반으로 핵심 기술을 개발하고 제품을 지속적으로 개선하여 경쟁력을 확보합니다.
- **파트너십 및 협력 확대**: 기술 및 마케팅 분야에서의 파트너십 및 협력을 확대하여, 시장 접근성을 높이고 제품의 경쟁력을 강화합니다.

이상으로 모든 섹션의 내용을 작성 완료하였습니다. 추가적으로 필요한 정보나 수정이 필요한 부분이 있으면 일러주시기 바랍니다.

CHAPTER 06

Scale-Up

(성장 전략)

이 장에서는 _____

성장 전략은 창업 아이템의 초기 단계를 넘어서 더 큰 시장에 진입하고 지속적인 성장을 이루기 위한 전략을 구체화하는 단계이다. 창업 아이템을 사업화하는 방안과 이에 필요한 자금 소요 및 조달 계획에 대해 다룬다. 사업화 방안의 첫 부분에서는 창업 아이템의 비즈니스 모델을 어떻게 구성할 것인지, 목표시장에 어떻게 진입할 것인지, 그리고 사업의 전체 로드맵을 어떻게 구성할 것인지에 대한 구체적인 전략을 제시한다. 이는 창업자가 사업의 큰 그림을 이해하고, 단계별로 어떤 목표를 달성해야 하는지 명확하게 인식할 수 있도록 돕는다.

다음으로, 자금 소요 및 조달 계획에서는 창업 아이템의 개발 및 운영에 필요한 자금의 분배와 이를 위한 자금 조달 전략을 구체화한다. 창업 아이템의 성공은 자금의 효율적인 관리와 지속적인 자금 조달 능력에 크게 의존하며, 이 섹션에서는 이러한 두 가지 요소에 중점을 둔다.

창업자는 창업 아이템의 성장 전략을 어떻게 구체화해야 하는지, 자금의 규모나 전략적 준비가 필요한지 명확하게 이해할 수 있다. 또한, 정부 창업 지원과제의 작성 방법에 대해 더 깊게 이해하고, 이를 통해 자신의 창업 아이템을 어떻게 더 효과적으로 발전시킬 수 있는지에 대한 방안을 제시하고자 한다. 이러한 내용들은 창업자가 사업 계획을 더 신중하게 수립하고, 자금을 효과적으로 관리하여 창업 아이템의 성공 가능성을 높이는 데 큰 도움이 될 것이다.

사업화 방안

　사업화 방안은 창업 아이템의 성공적인 출시와 지속적인 성장을 위한 핵심 전략을 제시한다. 이 섹션에서는 우선 비즈니스 모델을 통해 창업 아이템의 수익성과 지속 가능성을 검토한다. 구체적인 비즈니스 모델의 전략을 설정함으로써, 창업자는 시장에서의 경쟁력과 차별성을 확립할 수 있다.

　다음으로, 목표시장 진출방안을 통해 창업 아이템이 시장에 어떻게 진입하고 확장할 것인지에 대한 전략을 구체화한다. 시장 진입 전략은 창업 아이템의 초기 성공과 중장기적인 성장에 결정적인 역할을 하며, 창업자에게 시장의 동향과 고객의 니즈를 이해하고 대응할 수 있는 능력을 부여한다.

　세 번째로, 사업 전체 로드맵을 통해 창업 아이템의 개발부터 출시, 그리고 성장까지의 전반적인 흐름과 목표를 설정한다. 로드맵과 본 사업의 연계성을 이해함으로써, 창업자는 단계별 중요 목표와 이를 달성하기 위한 전략을 명확히 인식할 수 있다.

　마지막으로, 협약 기간 내 목표 및 달성 방안에서는 지원과제의 협약기간 동안 어떤 목표를 달성하고, 이를 어떻게 평가하고 관리할 것인지에 대한 방안을 제시한다. 이를 통해 창업자는 협약 기간 내 목표 달성의 가능성을 높이고, 이를 바탕으로 창업 아이템의 성공적인 사업화를 기대할 수 있다.

01 비즈니스 모델 (구체적인 수익모델)

창업아이템과 더불어 비즈니스 모델은 창업을 위한 기본적인 조건이다. 이 책의 활용을 위한 준비물 중 하나가 바로 비즈니스 모델이다. 따라서 이 비즈니스 모델에 대해서는 추가적인 설명은 하지 않는다. (It's me 창업시리즈 2편 〈창업 아이템과 비즈니스 모델 구축하기〉 참조)

사업계획서를 작성하면서, 창업자는 '4장. Problem(고객의 문제)'와 '5장. Solution(솔루션)'에서 창업아이템에 대해 철저하게 검증하였다. 이제 비즈니스 모델을 작성할 차례이다.

비즈니스 모델은 창업 아이템의 핵심 가치를 시장에 전달하는 방식을 정의한다. 이는 기업의 수익성, 지속 가능성, 그리고 경쟁력을 직접적으로 영향을 미친다. 이에 따라, 구체적인 비즈니스 모델의 전략 설정은 창업 초기 단계에서 매우 중요하다. 이를 통해 예비 창업자는 시장의 기회를 정확히 파악하고, 창업 아이템의 가치를 효과적으로 고객에게 전달할 수 있다.

"It's me 창업시리즈 2편 <창업 아이템과 비즈니스 모델 구축하기>"에서는 'The Business Model Lean Canvas'를 활용했다. 이 Lean Canvas와 함께 많이 사용되는 비즈니스 모델 중 다른 하나는 'The Business Model Canvas'이다.

사실, 두 모델은 큰 차이는 없지만 창업을 생각하고 있다면 고민해봐야 하는 것들이다. 지원과제를 위한 사업계획서를 작성하기 위해 비즈니스 모델을 구축하는 것이 아니라, 창업자의 사업을 위해 비즈니스 모델을 구축해야 하기 때문에 만드는 것이다.

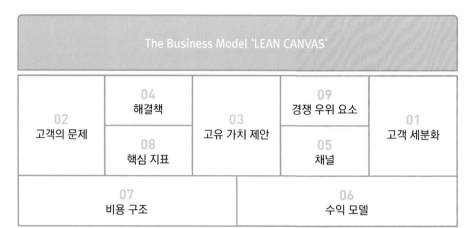

그림 21► The Business Model 'LEAN CANVAS'

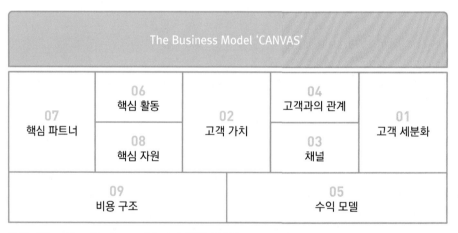

그림 22► The Business Model 'CANVAS'

비즈니스 모델 캔버스 기준으로 본 서의 목차에 적용되는 부분은 아래와 같
이 맵핑할 수 있다.

표 2 ▶ 비즈니스 모델 캔버스의 정의

비즈니스 모델 캔버스	본 서의 목차	비고
고객 세분화	4장. 〉 2. 〉 ①	비즈니스의 대상 고객 그룹이나 시장 세그먼트
고객 가치	4장. 〉 1. 〉 ③	고객에게 제공하는 독특하고 중요한 가치
채널	6장. 〉 1 〉 ②	제품이나 서비스를 고객에게 어떻게 전달할지에 대한 경로
관계	6장. 〉 1 〉 ②	고객과의 관계 유지와 고객 경험을 어떻게 관리할지에 대한 방법
수익 모델		비즈니스의 수익 생성 방법 및 수익원
핵심 활동	7장. 〉 2. 〉 ①	비즈니스 목표를 달성하기 위해 필요한 주요 활동 및 작업
핵심 파트너	7장. 〉 1. 〉 ③	비즈니스의 성공을 위해 필요한 외부 조직, 공급자, 파트너
핵심 자원	7장. 〉 2. 〉 ①	비즈니스를 운영하고 가치를 제공하기 위해 필요한 주요 자원 및 자산
비용 구조	6장. 〉 2. 〉 ①	비즈니스 운영에 필요한 주요 비용 및 지출

본 서의 목차를 살펴보면 모든 영역에서 비즈니스 모델을 설명하고 있다. 사업계획서는 아이템과 비즈니스 모델을 서술하는 것이다. 9개의 요소 중, 다른 요소는 모두 다른 영역에서 설명하는데, 수익모델만 매핑되는 것이 없다. 바로, 이 부분이 수익모델을 말하는 것이다.

수익 모델이란, 쉽게 말하면 '어떻게 돈을 벌 것이냐?'는 방법론적인 내용이다. 다른 말로, 기업이 어떻게 수익을 창출할 것인지에 대한 전략적 계획이다. 이는 기업의 재무 건전성과 지속 가능성을 확보하는 데 있어 핵심적인 요소로,

특히 스타트업이나 중소기업의 경우에는 더욱 중요하다. 수익 모델은 기업의 비즈니스 목표를 달성하기 위해 필요한 다양한 수익원과 그 방법을 체계적으로 구성하며, 이를 통해 기업은 시장에서의 경쟁력을 확보하고, 장기적인 성장을 추구할 수 있다.

수익 모델의 주요 유형은 다음과 같다.

- **상품 판매** : 기본적인 수익 모델로, 제품을 판매하고 이로부터 수익을 창출한다.
- **서비스 제공** : 서비스를 제공하고 이에 대한 수수료를 받아 수익을 창출한다.
- **구독 모델** : 고객이 정기적으로 비용을 지불하고 서비스를 이용할 수 있게 하는 모델이다.
- **광고 수익** : 플랫폼에 광고를 게재하고 광고주로부터 수익을 창출한다.
- **라이선스 수수료** : 기술이나 콘텐츠의 사용권을 제공하고 이에 대한 라이선스 수수료를 받는다.
- **프리미엄 모델** : 기본 서비스는 무료로 제공하고, 추가 기능에 대해 비용을 부과한다.
- **아프리카 모델** : 사용자의 행동이나 데이터를 활용하여 수익을 창출한다.

수익 모델을 구체적으로 설계하려면 먼저 기업의 핵심 가치와 시장의 수요를 정확히 이해해야 한다. 다양한 수익 모델을 고려하고 비교 분석하여, 기업의 목표와 시장 환경에 가장 적합한 수익 모델을 선택한다. 또한 수익 모델의 실행 계획을 세우고, 이를 지속적으로 모니터링하며 최적화한다. 이러한 과정을 통해 기업은 수익 모델의 효과를 극대화하고 지속적인 성장을 추구할 수 있다.

ChatGPT를 사용하면 아래와 같이 활용할 수 있다.

참고로, 본 서는 ChatGPT를 활용하여 쉽게 사업계획서를 작성할 수 있도록 도움을 주는 것이지만, 실전에서 창업을 하려면 스스로 생각해 낼 수 있는 능력을 키워야 한다. 그래야 비즈니스가 지속성이 유지된다. 따라서 과제 지원이 끝나면, 다시 이 프롬프트를 창업자가 생각하는 아이템으로 명령을 주어 작성해 보도록 한다.

ChatGPT Prompt - 비즈니스 모델

정부 창업지원과제 사업계획서를 작성중입니다.

● 창업 과제명 : *{입력해주세요}*

우리 창업 아이템으로, '수익 모델'을 작성해주세요. 최대한 많은 수익모델을 부탁합니다.

'비즈니스 모델' 작성 예시 ⓐ

'사용자의 건강 및 운동 데이터를 추적하고 분석하여 개인화된
운동 및 식단 추천을 제공하는 모바일 앱 - 핼스트레커'

- 프리미엄 모델 : 기본 기능은 무료로 제공하며, 고급 기능이나 추가적인 분석, 보고서, 개인화된 추천 등을 위해 사용자에게 프리미엄 회원 가입을 제공합니다.

- 구독 모델 : 사용자에게 월간 또는 연간 구독을 제공하여 지속적인 수익을 얻습니다. 구독은 개인화된 운동 및 식단 추천, 전문가 상담, 우선적인 고객 서비스 등을 제공할 수 있습니다.

- 광고 모델 : 앱 내에서 관련 기업이나 브랜드의 광고를 표시하고, 클릭당 또는 노출당 비용을 받습니다.

- 제휴 및 파트너십 : 건강 및 운동 관련 제품/서비스 제공 업체와 제휴하여 사용자에게 할인 코드나 특별 프로모션을 제공하고, 제휴 업체로부터 수수료를 받습니다.

- 데이터 판매 : (사용자의 동의를 얻은 후) 사용자 데이터를 건강 및 운동 관련 연구 기관이나 기업에 판매합니다.

- 마켓플레이스 모델 : 앱 내에서 운동 기구, 영양 보충제, 건강식품 등을 판매하는 마켓플레이스를 운영하고, 판매 수익의 일부를 얻습니다.

- 온라인 코치 및 컨설팅 서비스 : 사용자에게 온라인 퍼스널 트레이닝, 영양 상담 등의 서비스를 제공하고, 이러한 서비스에 대한 비용을 받습니다.

- 인앱 구매 : 사용자에게 추가적인 분석, 특별한 식단 추천, 운동 루틴, 심화 통계 등을 제공하는 인앱 구매 항목을 제공합니다.

- 라이센싱 모델 : 앱의 기술 또는 데이터 분석 알고리즘을 다른 기업이나 기관에 라이센싱하고, 라이센싱 비용을 받습니다.

- 독점 콘텐츠 접근료 : 독점 운동 루틴, 식단 계획, 전문가 인터뷰 등의 독점 콘텐츠에 대한 접근을 판매합니다.

'비즈니스 모델' 작성 예시 ⓑ

'사용자가 원격으로 반려견의 먹이를 제공하고, 먹이 섭취량을 모니터링 할 수 있게 해주는 하드웨어 제품 - 펫피터'

- 제품 판매 : 펫피터 하드웨어 제품의 직접 판매를 통해 수익을 얻습니다.

- 구독 서비스 : 사용자에게 월간 또는 연간 구독 서비스를 제공하여 제품을 사용하면서 추가 기능이나 서비스에 접근할 수 있게 합니다.

- 프리미엄 서비스 : 추가 비용을 지불하면 더 많은 데이터 분석, 보고서 및 알림 기능을 제공합니다.

- 데이터 분석 및 보고서 판매 : 사용자의 반려견에 대한 먹이 섭취량 및 건강 데이터 분석을 제공합니다.

- 제휴 및 파트너십 : 반려동물 관련 제품 또는 서비스 제공 업체와의 제휴를 통해 사용자에게 할인 코드 또는 프로모션을 제공하고, 제휴 업체로부터 수수료를 받습니다.

- 광고 수익 : 앱 또는 웹 인터페이스에 반려동물 관련 광고를 게재하고 광고주로부터 수익을 얻습니다.

- 인앱 구매 : 사용자가 앱 내에서 추가 기능이나 확장 팩을 구매할 수 있게 합니다.

- 펫푸드 마켓플레이스 : 사용자가 펫피터를 통해 먹이를 구매할 수 있는 온라인 마켓플레이스를 제공하고, 판매 수익의 일부를 받습니다.

- 라이센싱 : 펫피터의 기술 또는 소프트웨어를 다른 회사나 제품에 라이센싱하고 라이센싱 수익을 얻습니다.

- 커스텀 브랜딩 및 흰색 라벨 제품 : 다른 기업이나 브랜드와 협력하여 특별히 브랜딩된 또는 흰색 라벨 펫피터 제품을 제작하고 판매합니다.

'비즈니스 모델' 작성 예시 ©

'실시간 건강 진단으로 높은 수확량 및 품질 보장하는 AI와 IoT를 활용한 농작물 헬스케어 모니터링 시스템 - GreenGuardian'

- **하드웨어 판매** : 모니터링 시스템의 하드웨어 구성 요소를 농민이나 농장 운영자에게 판매합니다.

- **소프트웨어 라이센스** : 실시간 건강 진단 및 데이터 분석 소프트웨어에 대한 라이센스를 판매합니다.

- **구독 서비스** : 월간 또는 연간 구독 기반으로 실시간 모니터링, 데이터 분석 및 보고서 제공 서비스를 제공합니다.

- **데이터 분석 및 컨설팅 서비스** : 고객에게 농작물의 건강 및 생산성 향상에 대한 전문가 컨설팅 및 데이터 분석 서비스를 제공합니다.

- **제휴 및 파트너십** : 농약, 비료, 농기계 제조업체 등과 제휴하여 고객에게 할인 또는 프로모션을 제공하고, 제휴 업체로부터 수수료를 받습니다.

- **광고 수익** : 플랫폼에 농업 관련 제품 및 서비스의 광고를 게재하고 광고 수익을 얻습니다.

- **프리미엄 서비스** : 추가 비용을 지불하여 고객에게 심화 데이터 분석, 농작물 진단, 예방 조치 추천 등의 프리미엄 서비스를 제공합니다.

- **온라인 마켓플레이스** : 농작물 보호 제품, 농약, 비료 등을 판매하는 온라인 마켓플레이스를 운영하고 판매 수익의 일부를 얻습니다.

- **데이터 판매** : 농작물 건강 및 생산 데이터를 연구 기관이나 정부 기관에 판매합니다 (데이터 공유에 대한 사용자 동의가 필요함).

- **커스텀 솔루션 개발** : 고객의 특정 요구에 맞춰 커스텀 모니터링 및 분석 솔루션을 개발하고 제공합니다.

- **교육 및 트레이닝 서비스** : 시스템 사용 교육, 농작물 관리 전문가 교육 등의 교육 및 트레이닝 서비스를 제공합니다.

- 하드웨어 판매 : 에너지 관리 하드웨어 및 스마트 그리드 구성 요소를 판매하여 수익을 얻습니다.

- 소프트웨어 라이센싱 : 에너지 최적화 및 관리 소프트웨어의 라이센스를 판매합니다.

- 구독 서비스 : 소비자에게 월간 또는 연간 구독 기반의 에너지 모니터링 및 관리 서비스를 제공합니다.

- 에너지 데이터 분석 및 보고서 서비스 : 사용자에게 에너지 사용 효율성 및 절약 방안에 대한 데이터 분석 및 보고서를 제공합니다.

- 제휴 및 파트너십 : 에너지 제공 회사, 재생 에너지 설비 제조업체 등과의 제휴를 통해 소비자에게 할인 또는 프로모션을 제공하고, 제휴 업체로부터 수수료를 받습니다.

- 에너지 마켓플레이스 : 소비자가 에너지 제공자를 비교하고 선택할 수 있는 온라인 마켓플레이스를 운영하며, 거래 수수료를 얻습니다.

- 광고 수익 : 플랫폼에 에너지 관련 제품 및 서비스의 광고를 게재하고 광고 수익을 얻습니다.

- 커스텀 솔루션 개발 : 기업이나 정부 기관과 협력하여 커스텀 에너지 관리 솔루션을 개발하고 판매합니다.

- 에너지 절약 컨설팅 : 전문가들의 에너지 절약 및 최적화 컨설팅 서비스를 제공합니다.

- 에너지 저장 및 거래 : 에너지 저장 솔루션을 제공하고, 재생 에너지를 저장하거나 다른 사용자에게 판매할 수 있는 플랫폼을 제공합니다.

- 교육 및 트레이닝 서비스 : 에너지 관리, 재생 에너지 기술, 에너지 효율성 향상 등에 대한 교육 및 트레이닝 서비스를 제공합니다.

02　목표시장 진출방안 (시장 진입 전략)

　　목표시장 진출방안은 창업자가 자신의 사업 아이디어와 제품 혹은 서비스를 시장에 성공적으로 소개하고 확산시키기 위한 전략을 구체화하는 과정이다. 시장 진입 전략은 시장의 특성, 경쟁 상황, 소비자의 니즈와 선호, 자사의 역량 및 자원 상황 등 다양한 요인을 종합적으로 고려하여 수립되어야 한다. 이는 창업자에게 시장의 복잡한 동향을 이해하고, 실질적인 실행 계획을 마련하는 기회를 제공한다.

- **시장 분석**
  - 목표시장의 규모, 성장률, 구조, 소비자의 행동과 선호를 분석한다.
  - 경쟁사와의 비교를 통해 시장 진입의 장벽과 기회를 파악한다.
- **제품/서비스 포지셔닝** : 제품이나 서비스의 핵심 가치와 차별점을 명확하게 정의하고, 이를 통해 시장에서 어떤 위치를 차지할 것인지를 결정한다.
- **가격 전략** : 제품이나 서비스의 가격을 책정하며, 이에 대한 할인 정책과 판매 조건을 설정한다.
- **판매 및 유통 전략** : 제품이나 서비스를 어떻게 판매하고, 어떤 유통 채널을 통해 시장에 공급할 것인지를 계획한다.
- **마케팅 및 홍보 전략** : 타겟 고객에게 제품이나 서비스를 어떻게 알릴 것인지, 어떤 마케팅 통신 수단과 홍보 활동을 이용할 것인지를 결정한다.

이러한 과정을 통해 창업자는 시장 진입 전략을 체계적으로 수립하고, 이를 실행함으로써 시장에서의 경쟁력을 확보하고 사업의 성장을 촉진할 수 있다. 일반적으로 사업계획서에서는 타 영역과 중복되는 부분을 제거하고, 아래와 같은 프레임워크를 통해 작성하게 된다.

- 시장 분석
  - CAGR(연 평균 성장률)
  - TAM / SAM / SOM
- SWOT 포지셔닝 및 전략
  - SWOT 분석
  - 전략 도출
- 가격 전략
- 판매 및 유통 전략
- 마케팅 및 홍보 전략

ChatGPT는 아래와 같이 활용할 수 있다.

정부 창업지원과제 사업계획서를 작성 중입니다.

- 창업 과제명 : *{입력해주세요}*
- 창업 아이템 관련 상세 내역 : *{가격, 스펙 등을 입력해주세요}*
- 타깃 국가 : *{입력해주세요}*

우리 창업 아이템으로, '목표시장 진출 방안'을 아래의 목차로 작성해주세요.

[출력 목차]
1. CAGR
2. TAM/SAM/SOM
3. SWOT 요소
3-1. ST 전략
3-2. SO 전략
3-3. WT 전략
3-4. WO 전략
4. 가격 전략
5. 판매 및 유통 전략
6. 마케팅 및 홍보 전략

※ 인터넷을 접속하여 사실적인 데이터를 근거하여 작성해주세요.

- 시장 성장률 (CAGR)

- 6.7% 시장의 소비량은 2016년부터 2020년까지 3.9%의 CAGR로 증가하여 2020년에 총 4억 5080만 USD에 도달했습니다.

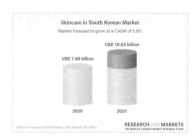

- SWOT 분석

- 강점(Strengths) : 높은 품질의 제품, 다양한 제품 선택, 편리한 구독 서비스
- 약점(Weaknesses) : 경쟁이 심하며, 시장 진입 장벽이 존재
- 기회(Opportunities) : 온라인 판매 증가, 화장품 시장 성장
- 위협(Threats) : 규제 변경, 경쟁사의 가격 인하 전략

- SWOT 전략

- ST 전략 : 높은 품질의 제품과 다양한 선택으로 시장 리더십 구축
- SO 전략 : 온라인 판매 채널을 확장하여 더 많은 고객에게 도달
- WT 전략 : 시장 진입 장벽을 낮추고, 경쟁사와 협력
- WO 전략 : 규제 변경에 대비하고, 가격 인하 전략에 대응

- 가격 전략

- 경쟁력 있는 가격 설정
- 구독 기반의 가격 할인 제공
- 시즌별 또는 이벤트 기반의 프로모션

'목표시장 진출방안' 작성 예시 ⓐ 2/2

'구독자에게 매월 다양한 화장품과 스킨케어 제품을 제공하는 - 뷰티박스'

■ 판매 및 유통 전략

- 온라인 판매 채널 확장
- 소셜 미디어를 통한 직접 판매

■ 마케팅 및 홍보 전략

- 소셜 미디어 마케팅 활용
- 인플루언서와의 파트너십
- 고객 리뷰 및 추천 프로그램

'목표시장 진출방안' 작성 예시 ⓑ 1/2

'실시간 건강 진단으로 높은 수확량 및 품질 보장하는 AI와 IoT를 활용한 농작물 헬스케어 모니터링 시스템 - GreenGuardian'

■ 시장 성장률 (CAGR)

- 한국의 정밀 농업 시장은 2022년부터 2030년까지 CAGR 12.3%로 성장할 것으로 예측됩니다.
- 농업 로봇 시장은 2022년에 약 7천31만 달러로 평가되었으며, 2030년까지 2억9천32만 달러에 이를 것으로 예상되며, 2023년부터 2030년까지 CAGR 18.2%로 성장할 것으로 예측됩니다.
- 한국의 농업 드론 시장은 2023~2028년 예측 기간 CAGR 12.5%로 성장할 것으로 예상됩니다.

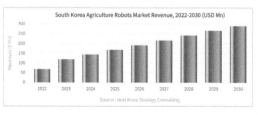

'실시간 건강 진단으로 높은 수확량 및 품질 보장하는 AI와 IoT를 활용한
농작물 헬스케어 모니터링 시스템 - GreenGuardian'

■ SWOT 분석

- 강점(Strengths) : AI와 IoT 기술의 결합은 농업 산업을 변화시키는데 중요한 역할을 했으며, 이러한 기술은 농작물의 건강 상태를 실시간으로 모니터링하고 진단하는데 사용될 수 있습니다.
- 약점(Weaknesses) : 농업 분야의 IoT 응용 프로그램은 아직 초기 단계에 있으며, 시스템 설계와 키 기술에 대한 이해가 필요합니다.
- 기회(Opportunities) : 한국의 IoT 시장은 2023-2028년 사이에 12.18% 성장할 것으로 예상되며, 이는 농업 분야에서의 IoT 및 AI 응용 프로그램에 대한 높은 수요를 나타냅니다.
- 위협(Threats) : 농업 기술의 높은 비용과 농민들의 기술 수용도가 낮을 수 있습니다.

■ SWOT 전략

- ST 전략 : AI와 IoT 기술의 성장과 농업의 현대화를 결합하여 농작물의 건강 모니터링 시스템을 개발
- SO 전략 : 시장 성장과 기술의 발전을 활용하여 농작물 건강 모니터링 시스템의 선도 기업이 되기 위해 노력
- WT 전략 : 기술 교육과 시범 프로젝트를 통해 농민들의 기술 수용도를 높이고 시스템의 비용을 절감
- WO 전략 : 정부 지원과 제휴를 통해 기술 개발과 시장 진입 장벽을 줄입니다.

■ 가격 전략

- 기술의 발전과 함께 비용을 절감하고, 농민들에게 저렴한 가격으로 시스템을 제공함으로써 시장 점유율을 높입니다.

■ 판매 및 유통 전략

- 지역 농업 협회와 협력하여 시스템을 소개하고, 온라인 및 오프라인 채널을 통해 시스템을 판매합니다.

■ 마케팅 및 홍보 전략

- 소셜 미디어, 농업 전시회 및 워크샵을 통해 시스템을 홍보합니다.

사업 로드맵은 창업자의 비전과 목표를 시간에 따라 구조화하여 표현한 것이다. 로드맵은 사업의 큰 그림을 제공하고, 사업의 방향과 계획을 명확하게 전달하는 데 중요하다. 또한 로드맵은 리소스 할당, 일정 관리, 중요한 마일스톤 설정 등에 필요한 정보를 제공한다.

사업계획서에서 일반적으로 3년의 중기적 로드맵을 요구한다. 이는 린스타트업을 생각하면 이해하기 쉽다.

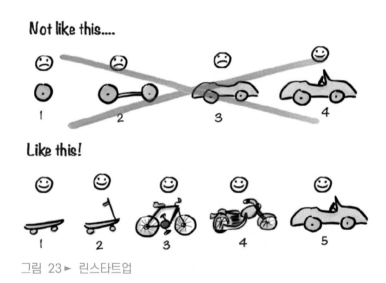

그림 23 ▶ 린스타트업

장기적으로 5년 후에는 차를 만들 것인데, 3년 후에는 자전거를, 1년 내엔 스케이드보드를 만든다고 생각하면 된다. 즉, 지금의 창업 아이템이 최종 골이 아니라, 더 큰 골이 있다는 비전으로 설득해야 지속 가능한 성장성을 지니고 있다고 판단하는 것이다. 하지만, 일반적으로 창업 기업들이 중장기 로드맵을 구축하고 창업하는 경우는 많지 않다. 단순히 어떤 아이템으로 창업해야지! 라고 생각하며 시작하기 때문에, 로드맵이 없는 것이 문제이다.

　로드맵을 구축한다면, 근본적으로 왜 사업을 시작하는지를 고민해야 하지만, 지금은 시간이 부족하므로 창업 아이템을 분석하여 로드맵을 구축하는 것으로 해 본다. 창업 아이템의 고객을 중심으로 창업 아이템을 확장하는 경우가 있고, 기술을 중심으로 확장하는 경우가 있고, 또 사업 카테고리로 확장하는 경우가 있을 것이다.

고객 중심 확장

- 창업 아이템의 초기 사용자 베이스를 기반으로 어떻게 서비스를 확장할 것인지를 고려한다.
- 고객의 피드백과 데이터 분석을 통해 제품이나 서비스의 개선 방향을 설정한다.
- 타겟 시장의 변화와 고객의 요구를 이해하며, 이를 로드맵에 반영하여 서비스의 다양화나 기능 개선을 계획한다.

기술 중심 확장

- 기존의 기술 능력을 기반으로 새로운 기능이나 서비스를 개발하는 방안을 모색한다.
- 기술의 진화와 함께 어떻게 기술적 역량을 강화할 것인지, 또 어떻게 기술을 활용하여 서비스를 확장할 것인지를 계획한다.
- 기술 파트너십과 협력을 통해 기술적 역량을 확보하고, 서비스의 확장을 도모한다.

사업 카테고리 확장

- 시장의 기회와 경쟁 상황을 분석하여 새로운 시장 또는 서비스 영역으로의 확장 가능성을 검토한다.
- 창업 아이템과 관련된 다양한 사업 모델을 탐색하며, 서로 다른 시장 또는 산업에 진입하는 전략을 수립한다.

ChatGPT는 아래와 같이 활용할 수 있다.

ChatGPT Prompt - 3년간 중기 로드맵

정부 창업지원과제 사업계획서를 작성 중입니다.

● 창업 과제명 : *{입력해주세요}*

우리 창업 아이템으로, '3년간 중기 로드맵'이 필요합니다.

우리 창업 아이템은 1년 안에 개발을 완료한 뒤, 시장에 진출 할 것입니다. 따라서, 현재 아이템에서 기술 및 고객의 특성을 고려하여 확장할 수 있는 3년간 중기 로드맵을 추천해서 추진 내용 | 추진기간 | 세부 내용으로, 표로 작성해주세요.

ChatGPT가 작성해준 내용은 참고할 만한 내용이지, 답이 아니니 창업자 본인의 기업에 맞는 비전과 로드맵으로 수정보완해야 한다.

창업 아이템 "헬스트레커"의 중기 로드맵을 구성하는 것은 매우 중요한 과제입니다. 아래는 기술 발전, 고객 수요 및 시장 트렌드를 고려하여 제안하는 3년의 중기 로드맵입니다:

추진 내용	추진기간	세부 내용
초기 개발 및 런칭	1년 0-12개월	- 앱의 기본적인 기능 개발 (건강 및 운동 데이터 추적, 개인화된 운동 및 식단 추천 등)
		- 베타 테스팅 및 초기 사용자 피드백 수집
		- 시장 진출 및 마케팅 캠페인 실시
기술 개선 및 확장	2년 13-24개월	- 사용자 피드백을 바탕으로 기술 개선 및 추가 기능 개발
		- 머신러닝 알고리즘의 개선을 통한 더 정확한 개인화 추천 제공
		- 다양한 헬스 기기와의 연동 기능 개발
고객 베이스 확장 및 파트너십	3년 25-36개월	- 국내외 시장 확장을 위한 마케팅 및 파트너십 구축
		- 건강 관련 기관 및 기업과의 협업을 통한 콘텐츠 및 서비스 확장
		- 커뮤니티 기능 및 소셜 통합 기능 개발을 통해 사용자 간의 상호작용 촉진

1. **초기 개발 및 런칭**: 앱의 핵심 기능을 개발하고, 베타 테스터들에게 제공하여 피드백을 수집합니다. 이 피드백을 바탕으로 앱을 개선하고 시장에 런칭합니다.
2. **기술 개선 및 확장**: 사용자 피드백과 데이터 분석을 통해 기존 기능을 개선하고, 더 많은 건강 및 운동 관련 기기와 연동할 수 있는 기능을 개발합니다.
3. **고객 베이스 확장 및 파트너십**: 국내외 시장 확장을 위해 브랜드 인지도를 높이는 마케팅 캠페인을 실시하고, 건강 및 운동 관련 기관이나 기업과 파트너십을 구축하여 서비스를 확장합니다. 또한, 커뮤니티 기능과 소셜 통합 기능을 개발하여 사용자 간의 상호작용을 촉진시킵니다.

이 로드맵은 초기 개발 단계에서부터 시장 진출, 기술 확장, 고객 베이스 확장 및 파트너십 구축에 이르기까지 "헬스트레커"의 전반적인 성장 전략을 제시하고 있습니다. 이 표는 과제의 성공적인 진행을 위한 기준으로 사용될 수 있습니다.

04 협약 기간 내 목표 및 달성 방안

(협약 기간 내 목표 달성 가능성)

협약 기간은 창업자와 지원 기관 간에 정해진 기간으로, 이 기간 내에 특정 목표를 달성해야 한다. 협약 기간 내 목표 달성은 창업자의 실행 능력과 프로젝트의 성공 가능성을 보여주는 중요한 지표이다. 이 목차에서는 협약 기간 내에 목표를 설정하고, 이를 어떻게 달성할 것인지에 대한 구체적인 계획을 서술한다.

일반적인 양식에서는 아래와 같이 내용이 필요하다.

No	추진 내용	추진 기간	세부 내용
1	필수 개발 인력 채용	00.00 ~ 00.00	OO 전공 경력 직원 00명 채용
2	제품 패키지 디자인	00.00 ~ 00.00	제품 패키지 디자인 용역 진행
3	홍보용 웹사이트 제작	00.00 ~ 00.00	웹사이트 자체 제작
4	시제품 완성	협약기간 말	협약기간 내 시제품 제작 완료
...			

이 절차를 작성하기 위해 ChatGPT를 아래와 같이 활용하자.

우리는 '5장. Solution(솔루션)' > '1. 개발 방안 / 진행(준비) 정도' > '3 개발 단계 및 진행 정도(개발 진척률 및 준비도)'에서 결과를 활용할 것이다.

정부 창업지원과제 사업계획서를 작성 중입니다.

- 창업 과제명 : *{입력해주세요}*
- WBS : *{입력해주세요}*
- 협약 기간 : *{입력해주세요}*

우리 창업 아이템의 협약 기간 내 사업 추진 일정이 필요합니다.

우리 창업 아이템에 대해 협약 기간 내에 개발 및 테스트까지 완료하고자 합니다.
시장 초기 진입준비 기간은 1개월을 더 할당해서 상세하고 구체적으로 아래와 같이
출력해주세요.

추진 내용 | 추진기간 | 세부 내용으로, 표로 작성해주세요.

참고로 표를 입력할 때에는 엑셀에서 작성하였거나 다른 곳에서 작성한 표
도 복사하여 메모장에 붙여 넣고, 데이터를 ChatGPT에 입력하면 ChatGPT는
그 데이터를 표로 인식한다.

상세 예시를 위해 아래와 같이 화면을 캡쳐한다. 또한, 출력에서
은
HTML 코드에서 줄 띄우기를 의미하는데, 어떤 이유에서든 출력이 오류가 난
것이다. 따라서 표현할 때,
을 줄 띄우기로 표현하면 된다.('<br>'이 없는 경우도
있다.)

정부 창업지원과제 사업계획서를 작성 중입니다.

● 창업 과제명: 사용자의 건강 및 운동 데이터를 추적하고 분석하여 개인화된 운동 및 식단 추천을 제공하는 모바일 앱 - 핼스트레커

● WBS: No 단계명 세부 작업 기간 (월) M/M 내/외
1 설계 정보 구조 설계 1 2 내
사용자 경험 (UX) 설계 1 2 내
사용자 인터페이스 (UI) 설계 1 2 내
2 개발 프론트엔드 개발 2 3 내
백엔드 개발 2 3 내
API 통합 1 1 외
3 데이터 분석 및 알고리즘 구현 데이터 수집 1 2 내
데이터 분석 1 2 내
추천 알고리즘 개발 1 2 내
4 테스트 알파 테스트 0.5 1 내
베타 테스트 0.5 1 내
● 협약 기간: 2024.01.01 ~ 2024.08.31
우리 창업 아이템의 협약 기간 내 사업 추진 일정이 필요합니다.

우리 창업 아이템에 대해 협약 기간내에 개발 및 테스트까지 완료하고자 합니다. 시장 초기 진입준비 기간은 1개월을 더 할당해서 상세하고 구체적으로 아래와 같이 출력해주세요.

추진 내용 | 추진기간 | 세부 내용으로, 표로 작성해주세요.

창업 아이템의 개발 및 테스트를 협약 기간내에 완료하고 시장 진입 준비 기간을 포함하여 아래와 같이 표를 작성하였습니다.

추진 내용	추진기간	세부 내용
1. 설계 단계	2024.01.01-2024.02.28	- 정보 구조 설계: 앱 내 데이터 흐름 및 사용자 인터페이스의 구조 설계 - 사용자 경험(UX) 설계: 사용자 흐름과 경험 설계 - 사용자 인터페이스(UI) 설계: 화면 디자인, 아이콘, 컬러 스키마 결정
2. 개발 단계	2024.03.01-2024.06.30	- 프론트엔드 개발: 사용자와의 인터페이스 구현 - 백엔드 개발: 서버와 데이터베이스 구축, 핵심 기능 구현 - API 통합: 필요한 외부 서비스나 데이터의 연동, 예) 건강 데이터 추적 기기와의 연동
3. 데이터 분석 및 알고리즘 구현	2024.07.01-2024.07.31	- 데이터 수집: 사용자의 건강 및 운동 데이터 실시간 수집 - 데이터 분석: 수집된 데이터 분석하여 사용자의 운동 및 식습관 패턴 파악 - 추천 알고리즘 개발: 개인화된 운동 및 식단 추천 알고리즘 개발
4. 테스트 단계	2024.08.01-2024.08.15	- 알파 테스트: 내부 팀원들로부터 앱의 기능 및 버그 확인 - 베타 테스트: 실제 사용자 대상으로 앱 배포 및 피드백 수집, 문제점 수정
5. 시장 진입 준비 기간	2024.08.16-2024.08.31	- 마케팅 전략 수립: 타겟 시장 및 고객 세그먼트 분석, 프로모션 전략 개발 - 최종 버그 수정 및 최적화: 사용자 피드백을 기반으로 앱의 최종 수정 및 최적화 - 런칭 준비: 앱 스토어 업로드, 런칭 이벤트 준비

이 표는 각 단계별로 추진 내용, 추진기간, 그리고 세부 내용을 구체적으로 정리하여 프로젝트의 전반적인 일정과 진행 상황을 한 눈에 파악할 수 있게 하였습니다. 각 단계별 세부 작업과 일정은 프로젝트의 목표와 협약 기간을 고려하여 분배하였습니다.

'협약 기간 내 목표 및 달성 방안' 작성 예시

'사용자의 건강 및 운동 데이터를 추적하고 분석하여 개인화된
운동 및 식단 추천을 제공하는 모바일 앱 - 핼스트레커'

추진 내용	추진기간	세부 내용
설계 단계	01.01 ~ 2.28	• 정보 구조 설계 : 앱 내 데이터 흐름 및 사용자 인터페이스의 구조 설계 • 사용자 경험(UX) 설계 : 사용자 흐름과 경험 설계 • 사용자 인터페이스(UI) 설계 : 화면 디자인, 아이콘, 컬러 스키마 결정
개발 단계	03.01 ~ 06.30	• 프론트엔드 개발 : 사용자와의 인터페이스 구현 • 백엔드 개발 : 서버와 데이터베이스 구축, 핵심 기능 구현 • API 통합 : 필요한 외부 서비스나 데이터의 연동
데이터 분석 및 알고리즘 구현	07.01 ~ 07.31	• 데이터 수집 : 사용자의 건강 및 운동 데이터 실시간 수집 • 데이터 분석 : 수집된 데이터 분석하여 사용자의 운동 및 식습관 패턴 파악 • 추천 알고리즘 개발 : 개인화된 운동 및 식단 추천 알고리즘 개발
테스트 단계	08.01 ~ 08.15	• 알파 테스트 : 내부 팀원들로부터 앱의 기능 및 버그 확인 • 베타 테스트 : 실제 사용자 대상으로 앱 배포 및 피드백 수집, 문제점 수정
시장 진입 준비 기간	08.16 ~ 08.31	• 마케팅 전략 수립 : 타겟 시장 및 고객 세그먼트 분석, 프로모션 전략 개발 • 최종 버그 수정 및 최적화 : 사용자 피드백을 기반으로 앱의 최종 수정 및 최적화 • 런칭 준비 : 앱 스토어 업로드, 런칭 이벤트 준비

자금 소요 및 조달 계획

자금은 창업의 심장과 같은 역할을 한다. 적절한 자금의 조달과 배분 없이는 창업의 아이디어가 아무리 탁월하더라도 그것을 현실화하는 것은 불가능하다.

첫 번째 '자금 소요 계획'에서는 창업에 필요한 자금의 분배를 어떻게 적절하게 할 것인지에 대한 방안을 제시한다. 자금의 효율적인 분배는 사업의 성공 가능성을 높이는 핵심 요인이다. 이를 위해 필요한 비용을 정확하게 예측하고, 어떤 영역에 얼마의 자금을 배정할 것인지를 명확히 하는 것이 중요하다.

두 번째 '자금 조달 계획'에서는 사업의 지속 가능성을 위해 어떻게 자금을 조달할 것인지에 대한 전략을 고민한다. 초기 자금 조달 방안과 함께, 사업이 성장함에 따라 추가적인 자금이 필요할 때 어떻게 대응할 것인지를 계획하는 것이 필요하다.

위의 내용을 통해 예비창업자들은 자금의 중요성을 이해하고, 자신의 창업 아이디어를 실현하기 위한 실질적인 자금 소요 계획과 조달 전략을 수립할 수 있다. 이로써, 창업의 길에 들어서기 전에 재정적으로 얼마나 준비되어 있는지를 체크하고, 필요한 조치를 취할 수 있게 된다.

01 자금 소요 계획 (자금 분배 적절성)

자금 소요 계획은 창업의 기반을 구축하는 데 있어 중요한 단계이다. 이 계획 없이는 사업의 목표와 방향성을 명확히 하는 것이 어렵다. 자금 소요 계획은 창업자가 사업을 진행하면서 필요한 모든 비용을 예측하고, 이를 어떻게 분배할 것인지를 명확히 하는 과정이다.

창업자들의 실수 중 하나가 무조건 정부지원금으로 충당하려는 것이다. 물론, 가능할 수도 있지만 경험이 부족한 예비창업자의 경우 한정된 시간과 자금을 조율하는 데 많은 난관이 발생한다. 직장생활을 경험한 경우라도 그 때는 시간과 자금이 본인의 것이 아니었다. 직원과 대표의 위치는 너무 다르기 때문에 대표의 마인드로 접근해야 한다.

정부지원금이 내 주머니에서 나오지 않은 자금이라 마치 잃어 버려도 괜찮다고 생각하는 창업자도 종종 보게 된다. 정부지원금은 창업자의 부모님께서 낸 세금이라고 생각해야 한다. 정부지원금은 공짜가 아니라 창업을 성공적으로 실행하고, 많은 매출을 발생시켜 고용을 촉진시켜 달라는 정부의 투자금이니 책임을 다해야 한다.

정부 창업지원과제에서 자금 소요에 대한 계획 역시, 중요한 선정평가 기준의 하나이다.

우선적으로 일반적인 자금에 대한 이해가 필요하다.

비목	설명	예시	팁
인건비	사업을 운영하기 위해 필요한 인력의 급여와 복리후생 비용	급여, 보험료, 복리후생비 등	대표자도 인건비를 넣을 수 있으나, 보통 현물로 상계함. 필자의 경우, 대부분의 과제 지원금은 인건비로 할당함.
임차료	사무실이나 매장 등의 임대료	월세, 관리비 등	증빙 처리로 사용이 귀찮음.
재료비	제품 제조나 서비스 제공을 위해 필요한 재료의 비용	원재료 구입비, 부품 구입비 등	
제조비	제품을 제조하기 위한 기계, 장비의 유지 및 수리 비용	기계 유지비, 수리비 등	초기 창업자에게는 불필요한 부분
마케팅비	광고, 홍보, 마케팅에 들어가는 비용	광고비, 홍보비, 이벤트 비용 등	
연구개발비	새로운 제품이나 서비스의 연구 및 개발에 필요한 비용	개발 외주, 연구 인력 비용, 실험 재료비 등	
운영비	일반적인 사무 운영에 필요한 비용	통신비, 유틸리티 비용, 사무용품 구입비 등	창업 극 초반, 임직원의 PC 등의 기자재로 활용.
전문가 활용비	법률 상담, 회계 서비스 등 전문가의 자문에 필요한 비용	법률 상담비, 회계 서비스비 등	

위의 내용은 기본적인 비목이므로 반드시 이해해야 한다.

인건비

- **대표자 인건비** : 대표자의 인건비는 보통 현물로 상계한다. 사업비는 '정부 지원금'과 '자기 부담금'으로 나뉘고, '자기 부담금'은 '현물'과 '현금'으로 나뉜다. 그런데, '현물'이라는 것은 현금(돈)이 아닌, 지출을 대신 증빙하여 제출하면 현물로 인정한다. 일반적으로 대표자는 창업 초반에는 급여를 받지 못하는 경우가 많다. 따라서 대표자 인건비를 현물로 지출하도록 한다.

- **직원 인건비** : 직원 인건비는 회사의 지출에서 가장 큰 부분이고, 고정적으로 지출되는 비용이다. 예상비용을 책정하기도 쉽고, 지출의 특성 상 매달 정기적으로 집행된다. 증빙이 가능해 직원 인건비를 사업비의 50% 정도 할당하면 무난하지만 인건비의 적정 수준은 과제마다 다르다. (또, 과제마다 인건비의 제약이 있는 예도 있다) 만약 SW 및 기술 개발 창업이면 연구원들이 많아야 하므로, 인건비 비중이 높고, 하드웨어나 유통 등의 시스템적 창업이면 비중이 상대적으로 낮게 산정된다. 따라서 인건비를 산정할 때, 실질적이고 고정적인 최소한의 인력 비를 고려하여 작성하도록 한다.

임차료

- 임차료는 고정적으로 지출되는 금액이라, 증빙에는 문제가 없다. 하지만 임차료보다 더 중요한 개발비에 비중을 높여서 지출하는 것도 중요하다. 심사에서도 중요한 비용을 정확하게 알고 있는지도 파악하기 때문에 지원금의 여유가 없다면, 굳이 집행하지 않아도 된다. 다만, 실제 창업비용에서 고정되는 지출 비용이므로 할당 및 집행 여부는 창업가의 중요도를 파악해서 선택하도록 한다.

재료비

- 하드웨어 개발 창업일 경우, 수많은 부품 및 재료비가 필요하고, 또 이 모든 재료를 스스로 구매하기엔 역부족이다. 일반적으로 하드웨어를 개발할 때는 개발 외주비에 넣어야 쉽게 할당할 수 있다. 만약 하드웨어를 직접 개발할 계획이라면, 재료 판매 업체에 턴키(일괄 발주)로 구매하여 증빙을 최소화하도록 한다.
- 소프트웨어 개발 창업의 경우는 재료비로 사용될 특별한 내용은 없다.
- 벤치마킹에 지출되는 비용을 이해해 본다. 벤치마킹이란 경쟁제품을 구매하여 조사하고, 설계를 고도화하는 등 다양하게 사용될 수 있다. 이런 다양한 목적에서 경쟁제품을 구매하게 되는데. 이 경우는 개발비 항목으로 취급된다. 따라서 사용 목적에 맞는 비목에 할당하도록 해야 한다.

제조비

- 제조비란 제조하는데 지출되는 비용을 말한다. 하지만 하드웨어를 제조하는 창업 기업이라도 제조비 항목을 창업 초기에 사용하지는 못한다.
- 간혹 실수하는 것 중 하나가 금형을 만든다고 할 경우에 제조비로 책정하는 경우가 있다. 금형비는 제조비가 아니라, 기자재비용으로 할당하는데, 장비 구입비가 제조 비용인지 아니면 개발비인지에 대해 과제마다 그 특성이 다르다. 따라서 이런 애매한 경우에는 꼭 공고문을 확인하고, 공고문에 없다면 담당자에게 문의하도록 한다.

마케팅 비

- 홈페이지 제작비용은 마케팅비로 할당한다. 마케팅을 위한 준비 작업은 어느 기업도 해야 하는 보편적인 준비사항이다.
- 간혹 SNS 운영을 대행으로 하겠다고 하고 이를 마케팅비용으로 산정하기도 하는데, 이런 불필요한 자금은 특별한 경우가 아니라면 하지 않도록 한다. 마케팅은 가능하면 내부 인력으로 충당하는 것이 바람직하다. 중요한 마케팅을 외주로 준다는 것은 비즈니스 모델의 핵심 활동에 대해 의미를 정확하게 모르는 것으로 인식될 수도 있다.

연구개발비

- 연구개발비는 내부에서 진행하느냐, 외주로 진행하는냐를 고민해봐야 하는 항목이다.
- 만약, 애플리케이션 개발로 창업을 하려 하는데 내부에는 Android 개발자가 있고, iOS 개발자가 없다면, 핵심 활동의 오류가 발생한다. 하지만, 초기 위험을 줄이고자 Android 기획 - 설계 - 개발 단계를 모두 마치고, 시간과 자금을 절약하고자 iOS만 외주를 준다면 바람직한 방향이다. 그러나 앱 개발 회사가 iOS는 외주를 주겠다는 것은 이치에 맞지 않으니 외주를 주는 목적은 정확히 핵심을 파악해야 한다.
- IoT 하드웨어 개발의 경우, SW는 내부에서 진행하고, HW는 외주로 진행한다는 것은 적합하다. 하지만, 이 경우에도 회사의 장기적인 비전이 하드웨어의 확장으로 비전을 구축하고 있다면, 차라리 하드웨어를 내부에서 진행하고, SW를 외주로 주는 것이 비전에 더 바람직하다.

- 따라서 연구개발비를 고려할 때는 비즈니스 모델 캔버스의 '기업 내 핵심 활동'과 '핵심 파트너'를 충분히 고려하여 방향을 설정해야 한다. '핵심 파트너'는 초기에는 외주로 진행해야 하는 부분이기 때문이다.

운영비

- 운영비는 사용 목적도 매우 다양하고, 금액도 많지 않은 경우가 대부분이다. 운영비는 반드시 청구하지 않아도 된다.

전문가 활용비

- 전문가 활용비는 법률, 회계 등의 자문에 필요한 금액이다. 꼭 필요한 경우가 아니라면 생략해도 된다.
- 다만, 창업가의 관점에서 전문가를 식별할 수 있는 안목이 부족하다면 경험자 및 지원 기관에게 문의하여 추천받거나 집행하도록 한다. 주변에 경험자나 지인 중에 경험자가 있다면 이 방법을 추천한다.

정부지원금은 큰돈이기는 하지만 창업을 준비할 때는 부족한 경우가 많다. 따라서 중요한 우선순위를 선정해서 자금을 분배해야 한다. 분배 내용은 심사위원에게는 자금 집행에 대한 계획과 창업 프로세스에 대해 어느 정도 이해하고 있는지를 검토하는 잣대가 되기도 한다.

단순하게 생각하면 어떤 기업이 1천 원짜리 볼펜을 팔아서 1억을 남기려면 1천 원짜리 볼펜을 100,000개를 판매하면 된다. 하지만, 이건 매출이지 순이익이 아니다. 기업의 순이익이 볼펜 1개당 200원이 남는다면, 1억을 만들려면 50만 개의 볼펜을 판매해야 한다. 반드시 순이익의 관점에서 자금의 흐름을 이해해야 한다. 1억을 수익으로 만드는 것은 쉬운 일이 아니다.

이런 관점에서 바라본다면 창업 기업에게 정부지원금이란 정말 중요한 투자금이며 씨드머니가 되는 금액이니 소중하게 생각하고 자금계획을 면밀히 검토해서 확립해야 한다.

사업 내용의 아이디어가 아무리 좋더라도, 자금 분배를 현실적으로 제대로 배분하지 못하면 선정에서 탈락될 수 있다. 이런 중요한 돈을 어떻게 사업에 투자할 것인지에 대해서 꼼꼼하게 배분해보도록 한다. 본 항목은 ChatGPT의 활용 예시를 생략한다.

02   자금 조달 계획 (사업 지속 능력)

창업 기업을 유지하는 데는 자금 조달이 중요한 이슈 중 하나이다. 특히, 자금 조달 계획은 사업의 지속 가능성과 성장 가능성을 보여주는 중요한 부분이다. 따라서 다양한 자금 조달 방법과 그 방법들을 어떻게 활용할 수 있는지, 어떻게 효율적으로 자금을 관리하고 활용할 수 있는지 이해해 본다.

창업자가 정부의 지원금으로 창업을 시작하고, 정해진 협약 기간 내에 창업 아이템을 완성한 뒤, 마케팅과 영업 활동을 통해 매출을 창출하는 것은 이상적인 시나리오이다. 어느 정도 매출이 발생된다면 자금 조달에 대한 고민이 크게 줄어들 것으로 생각될 수 있다. 그러나 현실적으로 매출이 발생하더라도 기업은 더 큰 비전을 위해 또는 지속 가능성을 확보하기 위해 지속적인 개발 활동이 필요하며, 매출의 극대화를 위해 마케팅과 영업에도 추가적인 투자금이 반드시 필요하다.

기업이 유지할 수 있는 만큼 매출이 발생한다면 최상이지만 대부분 첫 매출이 발생하기도 전에 제품의 완성을 위해서, 제품 양산을 하기 위해서, 마케팅 및 영업을 위해서는 운영자금과 투자금이 더 필요할 수도 있다.

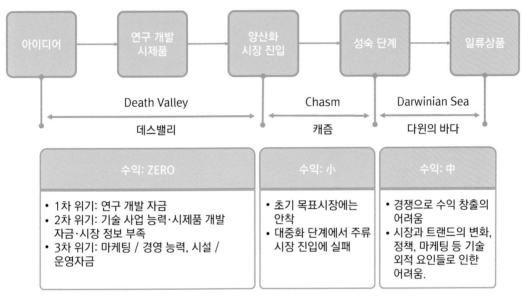

그림 24▶ 초기 스타트업의 어려움

창업의 과정부터 일정부분 성숙하기까지는 이런 다양한 문제가 발생한다.

- **데스밸리**(Death Valley) : 데스밸리는 창업 초기에 기업이 경험하는 어려운 시기를 의미한다. 이 기간에 많은 스타트업은 자금 부족, 시장 진입 실패, 운영 미숙 등 여러 문제에 직면하게 되며, 이로 인해 많은 스타트업이 생존하지 못하고 폐업하게 된다. 데스밸리를 넘어서기 위해서는 충분한 자금 조달, 올바른 시장 전략, 효율적인 운영 관리 등이 필요하다.

- **캐즘**(Chasm) : 캐즘은 기술 제품의 수명 주기에서 초기 사용자(이른 입장자)와 초기 다수 사용자 사이의 큰 격차를 의미하는 용어로 제프리 무어(Jeffrey Moore)의 "캐즘 이론(Chasm Theory)"에서 유래했다. 캐즘을 넘어서기 위해서는 기업이 제품을 개선하고, 마케팅 전략을 재편성하며, 타겟 시장을 재정의하는 등의 노력이 필요하다.

- **다윈의 바다**(Darwin's Sea) : 다윈의 바다는 시장의 경쟁이 심화하고, 기업 간의 생존 경쟁이 치열해지는 시기를 의미한다. 이 시기에는 창의적인 혁신, 끊임없는 개선, 강력한 경쟁력 확보가 필요하며, 더 나아가 기업이 지속할 수 있고 성장할 수 있는 능력을 키우기 위해 다양한 전략적 노력이 요구된다. 이는 다윈의 진화 이론에서 영감을 받아 명명되었으며, 강한 자연 선택과 유사하게 시장에서의 경쟁으로 기업들이 더 강하고 더 나은 방향으로 진화하도록 돕는다.

사업을 하려면 처음에도 투자가 필요하고 마지막까지 투자가 필요하다는 것이다. 아직은 현실이 아닌 먼 미래 같지만, 창업을 시작하는 순간부터 창업자들은 자금을 조달해야 하는 고민이 시작된다.

그럼, 어떻게 자금 조달을 계획해야 할까?

'6장. Scale-Up(성장 전략)' > '1. 사업화 방안' > '③ 사업 전체 로드맵(로드맵과 본 사업의 연계성)'에서 3개년의 로드맵을 구축한 내용을 바탕으로 로드맵을 다시 한 번 점검한 뒤, 내부에서 어떤 핵심 역량을 구축할 것인가에 대해 판단하고, 이에 따라 핵심 파트너는 어떤 역량을 유지할 것인지에 대해서 고려해야 한다.

그림 25 ▶ 자금 조달 계획 순서

이후, 단계별 조직도를 명확히 하여 인력 자원을 구체화하고, 인력 비용을 구체화한다. 인력 비용을 구체화한다면 그에 부가적으로 따라오는 재반 비용을 계획하고, 투자 비용을 조달해야 한다.

자금 조달의 방법은 아래와 같다.

- **자기 자본** : 자기 자본을 통한 자금 조달은 가장 최선의 방법이다. 하지만, 자본이 한정되어 있고, 모든 자금을 사업에 투자하면 개인의 재정 상황이 위험해질 수 있다.
- **빚**(대출) : 은행이나 금융 기관으로부터 대출받아 자금을 조달할 수 있다. 대출은 금리 부담이 있지만, 필요한 자금을 단기간에 조달할 수 있는 장점이 있다.
- **투자자 투자** : 엔젤 투자자, 벤처 캐피털, 크라우드펀딩 등 다양한 투자자로부터 투자받을 수 있다. 투자자로부터 투자를 받으면 자금 외에도 네트워크나 멘토링을 제공받을 수 있는 장점이 있는 경우도 있다.

■ **정부 및 기타 기관 지원** : 정부의 창업 지원 프로그램이나 기타 비영리 기관의 지원을 받을 수 있다. 이런 지원은 대부분 무이자 또는 저리의 조건으로 제공되며, 추가적인 네트워크와 교육 기회를 얻을 수 있다.

필자가 초기의 창업자를 컨설팅할 때 반드시 하는 말이 있는데 '시간과 투자금은 지금 생각하는 것의 "곱하기 4"를 하세요.'이다. 사실 이 4배에 대한 이론적 근거는 부족하지만 필자의 다양한 사업 경험과 주변의 사업자들을 컨설팅해 본 결과 대부분 예상했던 자금과 실제 운영되는 자금은 차이가 많았다.

예상했던 자금과 실제 운영되는 자금은 초기 창업자의 경험부족과 실수가 반복되면서 발생되는 데 이유를 살펴보면 다음과 같다.

• 창업자 스스로 생각하는 최적의 투자 비용과 투자 시간
• 창업자의 무경험에서 오는 잘못된 결정 및 잘못된 프로세스
• 창업 팀 내의 이견 및 갈등으로 발생하는 비용과 시간
• 외주 용역사의 정치 및 경제적으로 투자되는 추가 비용과 지연되는 시간

자금조달계획도 ChatGPT로 샘플을 하는 것은 생략한다. 자금은 어떠한 경우라도 창업하려는 대표 스스로 조달해야 하기 때문이다.

CHAPTER 07

Team

(내부 역량)

이 장에서는 _____

창업의 성패는 아이디어와 비즈니스 모델만큼이나 팀의 역량에 크게 의존한다. 이 장에서는 창업 팀의 내부 역량에 대해 깊이 있게 탐구하고, 특히 대표자의 경험과 역량, 팀 내의 다양한 역량, 그리고 업무파트너와의 협력을 통한 역량 확장에 대해 다룬다.

첫 번째로, 대표자의 역할은 창업의 핵심이며, 대표자의 리더십과 경험은 기업의 비전을 구체화하고 팀을 이끌어 성공으로 이끄는 데 결정적이다. 두 번째로, 강력한 팀은 다양한 역량과 전문 지식을 갖추고 있어야 하며, 이는 제품 개발에서 마케팅, 영업에 이르기까지 기업의 모든 영역에서 높은 성과를 달성하는 데 기여한다. 마지막으로, 효과적인 업무파트너와의 협력은 기업의 역량을 확장하고, 더 넓은 시장에 진입하는 데 도움을 줄 수 있다. 이러한 다양한 내부 및 외부 역량은 창업 기업이 시장에서 빠르게 성장하고 지속할 수 있는 경쟁력을 확보하는 데 필수적이다.

이 장을 통해 예비창업자들은 자신의 팀과 파트너 네트워크를 어떻게 구성하고, 그들의 역량을 어떻게 활용해야 하는지에 대한 통찰을 얻을 수 있다. 또한, 실제 창업 사례를 통해 이러한 역량이 창업의 성공에 어떻게 기여했는지를 이해하며, 자신의 창업계획에 어떻게 적용할 수 있는지를 배울 수 있다.

대표자 현황
(대표자 경험 및 역량)

대표자의 경험과 역량은 창업 기업의 성공에 큰 영향을 미친다. 대표자는 기업의 비전을 설정하고, 팀을 이끌며, 외부 파트너와 협력하는 역할을 담당하게 된다. 대표자의 기본적인 정보, 경력, 학력, 기술 및 전문 지식, 리더십 역량, 이전의 창업 경험 등에 대해 상세히 설명한다.

첫째, 대표자의 기본 정보는 대표자의 이름, 나이, 학력, 전공, 이메일 주소, 전화번호 등으로 구성된다. 이러한 기본 정보는 사업계획서의 첫 부분에 위치하여, 평가자가 대표자에 대한 기본적인 이해를 할 수 있다.

둘째, 대표자의 경력은 대표자가 이전에 어떤 직장에서 어떤 역할을 했는지, 어떤 성과를 달성했는지를 보여준다. 이는 평가자에게 대표자의 역량과 경험을 보여주는 중요한 부분이다. 대표자의 경력은 일자리, 회사 이름, 위치, 직위, 주요 업무 및 성과로 구성되며, 특히 관련 분야에서의 경력은 평가자에게 긍정적인 인상을 줄 수 있다.

셋째, 대표자의 기술 및 전문 지식은 대표자가 어떤 기술을 보유하고 있으며, 이러한 기술이 창업 아이템과 어떻게 관련되는지를 설명한다. 또한, 대표자의 전문 지식은 창업 아이템의 기술적 타당성을 뒷받침하는 데 중요하다.

넷째, 대표자의 리더십 역량은 팀을 어떻게 이끌고, 문제를 어떻게 해결하며, 어려운 상황에서 어떻게 대처하는지를 보여준다. 리더십 역량은 팀원들의 동기 부여, 의사소통, 문제 해결, 협력 등에 중점을 둔다.

마지막으로, 대표자의 이전 창업 경험은 대표자가 창업에 얼마나 익숙한지, 이전 창업에서 어떤 성공과 실패를 겪었는지를 보여준다. 이는 평가자에게 대표자의 창업에 대한 이해와 준비도를 보여주는 좋은 기회가 된다.

이러한 정보들은 예비 창업자가 자신의 역량과 경험을 잘 표현하고, 평가자에게 긍정적인 인상을 주기 위해 중요하다. 또한, 이러한 정보는 평가자가 대표자의 역량과 창업 아이템의 가능성을 평가하는 데 중요한 근거를 제공한다.

'대표자 현황'은 '자기소개서'와 비슷하지만, 다른 개념이다. 자기소개서는 일반적으로 개인의 성장 배경, 학업과 직장 경험, 그리고 개인의 성격과 가치관 등을 중점적으로 설명하는 문서이다. 반면, '대표자 현황'은 사업계획서의 일부로서, 대표자의 전문적인 역량과 경험, 그리고 창업에 대한 준비와 비전을 중점적으로 설명한다.

'대표자 현황'은 대표자의 전문 지식, 경력, 역량 및 성과를 구체적이고 명확하게 제시하여, 사업의 성공 가능성과 대표자의 역량을 평가하는 데 필요한 정보를 제공한다. 대표자의 전문 분야의 교육 및 경력 경험, 기술 및 자격증, 이전에 수행한 프로젝트와 그 성과, 그리고 향후 사업의 비전과 목표 등이 이 부분에 포함된다.

반면, '자기소개서'는 대표자의 개인적인 성장 과정과 가치관, 그리고 개인적인 목표와 장래희망 등을 중점적으로 다룬다. 이는 대표자의 인간적인 면을 보여주고, 개인의 성격과 가치관이 어떻게 사업의 비전과 연결되는지를 설명한다.

　두 문서는 목적과 내용에 있어서 차이가 있지만, 둘 다 대표자의 역량과 준비도를 보여주는 데 중요한 역할을 한다. '대표자 현황'은 보다 전문적이고 구체적인 정보를 제공하여, 사업의 성공 가능성을 평가하는 데 중요한 근거를 제공하며, '자기소개서'는 대표자의 인간적인 면과 개인적인 가치를 보여주는 데 중요하다. 따라서 두 문서를 적절하게 작성하고 활용하는 것이 중요하며, 이를 통해 평가자에게 긍정적인 인상을 줄 수 있다.

　가상 인물을 대상으로 적합한 페르소나를 적용하여 대표자의 역량을 표현해 본다.

'대표자 현황' 작성 예시 ⓐ

(페르소나 : 대학생)

[기본 정보]

- 이름 : 홍길동
- 나이 : 24
- 학력 : □□대학교 컴퓨터공학과 4학년

[경력 및 역량]

- 프로그래밍 언어(C++, Python, Java)에 능숙하며, 데이터베이스 관리와 웹 개발 경험 보유.
- 학교에서 진행한 프로젝트를 통해 팀원들과 협업하며 소프트웨어 개발 프로젝트를 완성한 경험.
- 스타트업 인턴 경험을 통해 실제 서비스 개발 및 운영 경험을 얻음.
- 학술 동아리 활동을 통해 신기술 동향을 파악하고, 이를 프로젝트에 적용하는 능력을 키움.

[창업에 대한 준비 및 비전]

- 창업 관련 책을 읽고, 창업 세미나와 특강에 참석하여 기본적인 창업 지식과 마인드를 얻음.
- 창업 아이템에 대한 기본적인 비즈니스 모델과 시장 분석을 수행.
- 창업을 통해 문제 해결을 중시하는 기업을 만들고, 지속 가능한 사업 모델을 구축할 것임을 명확히 인식.
- 창업 초기에는 직접 개발 작업을 수행하며, 향후에는 개발 팀을 구성하여 기업의 성장을 이끌 계획.

'대표자 현황' 작성 예시 ⓑ

(페르소나 : 개발자 직장인 출신)

[기본 정보]

- 이름: 이순신
- 나이: 30
- 학력: □□대학교 소프트웨어공학과 졸업

[경력 및 역량]

- 대기업에서 5년간 소프트웨어 엔지니어로 근무하며, 다양한 프로젝트를 수행.
- 백엔드 개발에 능숙하며, 클라우드 기반 인프라 구축과 운영 경험 보유.
- 높은 문제 해결 능력과 끊임없는 기술 학습을 통해 프로젝트 성공에 기여.
- 개발자 커뮤니티 활동을 통해 최신 기술 동향과 정보를 공유하며, 개발 역량을 강화.

[창업에 대한 준비 및 비전]

- 틈틈이 창업 관련 서적과 온라인 강의를 통해 창업에 필요한 기본 지식을 습득.
- 사이드 프로젝트를 진행하며, 실제 서비스를 설계하고 개발하는 경험을 쌓음.
- 창업을 통해 기술력을 기반으로 한 혁신적인 서비스를 제공하고, 시장에서 인정받는 기업을 만들고자 함.
- 초기에는 개발과 동시에 기술 리더 역할을 수행하며, 향후에는 기술 전략을 수립하고 이를 실행할 계획.

'대표자 현황' 작성 예시 ⓒ

(페르소나 : 기획자 직장인 출신)

[기본 정보]

- 이름 : 김유진
- 나이 : 28
- 학력 : □□대학교 경영학과 졸업

[경력 및 역량]

- 광고 대행사에서 4년간 기획자로 근무하며 다양한 프로젝트를 성공적으로 이끌어냄.
- 브랜드 전략 수립, 마케팅 캠페인 기획, 소비자 연구 등 다양한 분야에서 경험과 노하우를 쌓음.
- 크리에이티브 사고와 뛰어난 커뮤니케이션 능력으로 팀원들과 원활한 협업을 이끌어내며, 프로젝트의 목표를 달성.
- 시장 동향과 소비자 행동을 분석하여, 차별화된 기획안을 제시하고 실행.

[창업에 대한 준비 및 비전]

- 창업 관련 네트워킹 이벤트와 세미나에 참석하여, 창업에 필요한 지식과 인맥을 쌓음.
- 기획자로서의 경험을 바탕으로 소비자의 문제를 해결할 수 있는 창업 아이템을 기획.
- 창업을 통해 기업의 브랜드 가치를 높이고, 소비자에게 실질적인 가치를 제공하는 서비스를 만들고자 함.
- 초기에는 기획과 마케팅 전략을 수립하며, 향후에는 사업 전략과 파트너십 구축에 집중할 계획.

'대표자 현황' 작성 예시 ⓓ

(페르소나 : 디자이너 직장인 출신)

[기본 정보]

- 이름 : 이수진
- 나이 : 26
- 학력 : □□대학교 디자인학과 졸업

[경력 및 역량]

- 유명 디자인 스튜디오에서 3년간 그래픽 디자이너로 근무하며, 다양한 프로젝트에서 디자인 리드 역할을 수행.
- 브랜딩, UI/UX 디자인, 일러스트레이션 등 다양한 디자인 분야에서 높은 실력과 창의력을 발휘.
- 효율적인 프로젝트 관리와 팀원들과의 원활한 커뮤니케이션 능력을 통해 디자인 프로젝트의 성공적인 진행을 이끌어냄.
- 디자인 트렌드와 기술의 빠른 습득 및 적용 능력을 가지고 있으며, 사용자 중심의 디자인을 추구.

[창업에 대한 준비 및 비전]

- 디자인 스튜디오에서의 경험을 바탕으로 창업에 필요한 디자인 및 브랜딩 전략을 구상.
- 디자인 분야에서의 높은 실력과 경험을 활용하여 창업 아이템의 시각적인 부분을 완성시키고자 함.
- 창업을 통해 독창적이고 실용적인 디자인 솔루션을 제공하는 기업을 만들어, 시장에서 인정받는 디자인 기업이 되고자 함.
- 초기에는 디자인과 브랜딩 전략을 주도하며, 향후에는 디자인 팀을 구성하여 기업의 디자인 역량을 강화할 계획.

팀내 보유역량
(내부 역량)

   팀의 역량은 창업의 성공 여부를 결정짓는 핵심 요소 중 하나이다. 팀원 각자의 전문성과 경험, 팀이 함께 일하며 발휘하는 시너지는 사업의 목표 달성과 지속 가능성에 큰 영향을 미친다. 특히 초기 창업 팀의 경우, 제한된 리소스 하에서도 높은 성과를 이끌어내는 것이 중요하며, 이를 위해서는 팀내 역량이 잘 구성되어 있어야 한다.

전문성과 경험

- 팀원들의 전문성은 창업 아이템의 성공을 위한 기반을 제공한다. 예를 들어, 기술 기반 스타트업의 경우 개발, 마케팅, 영업 등 다양한 분야에서 높은 전문성을 가진 팀원들이 필요하다.
- 각 팀원의 이전 경력과 성취, 또는 관련 학위나 자격증 등은 팀의 전문성을 증명하는 데에 중요한 자료가 된다.

팀원 간의 협업

- 팀원들 간의 원활한 커뮤니케이션과 협업은 팀의 역량을 최대화하는 데에 필수적이다. 팀원들이 서로를 존중하고, 각자의 의견을 잘 듣고 통합

하는 문화는 팀의 시너지를 높인다.

- 팀원들 간의 역할 분담이 명확해야 하며, 각자의 역할에 대한 이해와 책임감을 가지고 일해야 한다.

예비 창업자의 경우는 팀원이 없을 것이고, 초기 창업자의 경우는 팀원이 있는 경우도 있을 것이다. 팀원을 어떤 기준으로 충족시켜야 할까?

우리는 앞서, '6장. Scale-Up(성장 전략)' > '2. 자금 소요 및 조달 계획' > '② 자금 조달 계획(사업 지속 능력)'에서 보았듯이, 로드맵을 검토한 뒤, 내부 핵심 역량을 구축해야 한다.

'내부 핵심역량'이란 업종, 업태, 사업의 규모, 사업의 방향성 등에 따라, 경우의 수가 매우 다양하다.

내부 팀에 대해서 조직도를 먼저 작성해야 한다. 조직도란, 기업의 구조와 팀원들의 역할, 그리고 각 역할 간의 관계를 명확하게 표현한 도표이다. 조직도를 통해, 각 팀원의 역할과 책임, 그리고 팀 간의 협업 구조를 명확하게 이해할 수 있다. 이는 팀의 역량을 효과적으로 구성하고, 효율적인 협업을 이루기 위한 기반을 제공한다. 물론, 조직에도 수평적 조직과 수직적 조직 등 다양한 방법론이 있으니 이것부터 정의해야 한다. 이런 조직은 문화를 반영하기 때문이다.

수직적 조직

- 수직적 조직은 명확한 계층 구조와 직급을 가지며, 상위 관리자가 하위 직원에게 명령을 내리는 구조를 가진다.
- 이러한 조직은 권한과 책임이 명확하게 분리되며, 각 계층에서의 역할과

책임이 뚜렷하다.

- 수직적 조직은 일반적으로 큰 규모의 기업이나 전통적인 기업에서 주로 찾아볼 수 있다.
- 명령의 명확성과 결정의 빠른 진행을 위해 이러한 구조를 선택할 수 있다.
- 이러한 구조는 통신의 지연과 직원의 창의성 제한을 초래할 수 있으며, 하위 직원이 상위 관리자에게 의존적으로 될 수 있다.

수평적 조직

- 수평적 조직은 계층 구조가 최소화되어 있으며, 직원들 간의 커뮤니케이션과 협업이 강조된다.
- 이 조직 유형은 각 팀원이 더 많은 책임과 권한을 가지며, 자율성과 창의성을 높이게 한다.
- 수평적 조직은 주로 작은 규모의 기업이나 스타트업, 혁신적인 기업에서 찾아볼 수 있다.
- 이러한 구조는 빠른 의사결정, 높은 직원의 만족도, 그리고 유연한 반응성을 제공할 수 있다.
- 그러나 수평적 조직은 덜 명확한 역할 분담과 책임 구조로 인해 혼란을 초래할 수 있으며, 관리의 어려움을 겪을 수 있다.

어떤 조직이든, 창업자의 역량에서 컨트롤 할 수 있는 조직과 문화로 정착되어야 한다. 초기 팀원을 구축할 때 가장 좋은 방법은 내부에서 필요한 핵심 역량에 대한 능력이 있는 지인이 함께 하는 것이 가장 바람직하다.

대부분의 창업자는 초기 팀 구성에 많은 어려움을 겪는다. 이는 팀원들 간의 신뢰 구축, 공동의 비전 공유, 역량에 적절한 배치와 같은 다양한 이유 때문이다. 초기에는 자금이 부족하여 우수한 인재를 유치하기 어렵고, 특히 전문가나 스페셜리스트를 고용하기에는 더욱 어려움이 많다. 따라서 초기 팀은 대체로 제너럴리스트로 구성되며, 이들은 여러 업무 영역에서 유연하게 대처할 수 있는 능력이 요구된다.

가장 빈번한 실수 중 하나는 관련업무의 역량과 상관없는 지인이 팀원으로 함께하는 경우이다. 인력을 휴먼 리소스(Human resources)라고 하는데 리소스(Resources)란 자원이라는 의미이다. 비즈니스적으로 인력 자원(휴먼 리소스)은 신뢰가 아닌, 역량을 중점으로 판단해야 한다. 반면, 문화적으로 바라본다면 팀원은 신뢰를 바탕으로 해야 한다.

직원으로 채용하기 위한 조건은 역량을 바탕으로 신뢰가 있어야 한다는 의미이다. 반대로 해석하면 신뢰를 바탕으로 역량을 만들어갈 수는 없다는 의미이다.

업무 파트너 현황 및 역량
(파트너 네트워크의 보유 역량)

업무 파트너 현황 및 역량 파트는 창업자가 외부와의 협력을 통해 어떻게 더 큰 성과를 이루려고 하는지에 대한 부분이다. 특히, 초기 창업 단계에서는 내부 리소스가 제한적이기 때문에 외부의 파트너와의 협력이 중요하게 작용한다.

파트너 네트워크의 현황과 이러한 네트워크를 통해 기업이 어떻게 더 큰 가치를 창출할 수 있는지는 중요하다. 그냥 알고 있는 파트너를 작성하는 것이 아니라 창업자의 아이템을 성공시키기 위한 파트너를 구축해야 한다.

파트너 네트워크의 중요성

- 파트너 네트워크는 창업 기업이 더 넓은 시장에 접근하고, 제품이나 서비스의 품질을 향상시키며, 비용을 절감하고, 신규 기회를 창출하는 데 중요한 역할을 한다.

파트너 현황

- 현재 기업과 협력 관계에 있는 파트너들의 목록과 그들과의 협력 내용, 이러한 협력이 기업에 어떤 이점을 가져다주는지를 상세하게 기재한다.

'사용자의 건강 및 운동 데이터를 추적하고 분석하여 개인화된
운동 및 식단 추천을 제공하는 모바일 앱 – 핼스트레커'

[아이템]

- 사용자의 건강 및 운동 데이터를 추적하고 분석하여 개인화된 운동 및 식단 추천을 제공하는 모바일 앱 – 핼스트레커

[필요한 내부 역량]

- 데이터 분석 및 처리 역량 : 사용자의 건강 및 운동 데이터를 정확하고 효율적으로 분석하며, 개인화된 운동 및 식단 추천을 제공할 수 있는 역량이 필요하다.
- 모바일 앱 개발 및 유지보수 역량 : 사용자 친화적인 인터페이스와 높은 안정성을 제공할 수 있는 모바일 앱을 개발하고 유지보수할 수 있는 역량이 필요하다.
- 사용자 경험 및 인터페이스 디자인 역량 : 사용자에게 편리하고 쉬운 사용 경험을 제공할 수 있는 UI/UX 디자인 역량이 필요하다.
- 건강 및 운동 전문 지식 : 정확하고 실용적인 운동 및 식단 추천을 제공하기 위해 건강 및 운동에 대한 깊은 이해와 전문 지식이 필요하다.
- 마케팅 및 고객 관계 관리 역량 : 앱의 사용자 기반을 확장하고, 고객 만족도를 유지 및 향상시킬 수 있는 마케팅 및 고객 관계 관리 역량이 필요하다.

[주요 외부 파트너]

- 데이터 분석 툴 제공 파트너 : 데이터 분석 및 처리를 돕는 외부 툴 및 서비스 제공 파트너가 필요하다. 예를 들어, 클라우드 기반의 데이터 분석 서비스 제공업체와의 파트너십을 고려할 수 있다.
- 건강 및 운동 전문가 네트워크 : 건강 및 운동 전문가들과의 협력을 통해 더욱 정확하고 전문적인 운동 및 식단 추천을 제공할 수 있다.
- 디지털 마케팅 에이전시 : 앱의 브랜드 인식을 높이고 사용자 기반을 확장하기 위해 디지털 마케팅 에이전시와 협력할 수 있다.
- 운동 장비 및 건강식품 제조업체 : 사용자에게 더 많은 가치를 제공하기 위해 운동 장비 제조업체나 건강식품 제조업체와의 파트너십을 고려할 수 있다.
- 클라우드 서비스 제공 업체 : 데이터 저장, 처리 및 분석을 위한 클라우드 인프라스트럭처를 제공하는 파트너가 필요하다.

[아이템]

● 구독자에게 매월 다양한 화장품과 스킨케어 제품을 제공하는 - 뷰티박스

[필요한 내부 역량]

● 제품 구매 및 재고 관리 역량 : 다양한 화장품 및 스킨케어 제품을 높은 품질과 합리적인 가격에 구매하고, 재고를 효율적으로 관리할 수 있는 역량이 필요하다.

● 마케팅 및 브랜딩 역량 : 뷰티박스의 브랜드 인식을 높이고, 구독자 기반을 확장하기 위해 효과적인 마케팅 및 브랜딩 전략을 수립하고 실행할 수 있는 역량이 필요하다.

● 고객 서비스 및 관계 관리 역량 : 구독자의 만족도를 유지하고, 장기적인 고객 관계를 구축하기 위한 높은 수준의 고객 서비스 역량이 필요하다.

● 물류 및 배송 관리 역량 : 제품을 안전하고 신속하게 구독자에게 배송할 수 있는 물류 및 배송 관리 역량이 필요하다.

● 화장품 및 스킨케어 분야의 전문 지식 : 구독자에게 최신 및 인기 화장품 및 스킨케어 제품을 선별하고 추천할 수 있는 화장품 및 스킨케어 분야의 전문 지식이 필요하다.

[주요 외부 파트너]

● 화장품 및 스킨케어 제품 제조업체 및 공급업체 : 뷰티박스의 제품 공급을 위해 화장품 및 스킨케어 제품 제조업체 및 공급업체와의 파트너십을 구축할 필요가 있다.

● 물류 및 배송 서비스 제공 업체 : 제품의 신속하고 안정적인 배송을 보장하기 위해 물류 및 배송 서비스 제공 업체와의 협력이 필요하다.

● 디지털 마케팅 에이전시: 온라인 마케팅 캠페인의 설계 및 실행을 돕기 위해 디지털 마케팅 에이전시와의 파트너십을 고려할 수 있다.

● 포장 및 디자인 서비스 제공 업체 : 제품의 포장 디자인을 통해 브랜드 인식을 높이고 구독자의 만족도를 향상시키기 위해 포장 및 디자인 서비스 제공 업체와 협력할 수 있다.

● 고객 피드백 및 리뷰 플랫폼 : 구독자의 피드백을 수집하고 분석하기 위해 고객 피드백 및 리뷰 플랫폼과의 파트너십을 고려할 수 있다.

'업무 파트너 현황 및 역량' 작성 예시 ©

'사용자가 원격으로 반려견의 먹이를 제공하고, 먹이 섭취량을 모니터링 할 수 있게 해주는 하드웨어 제품 – 펫피터'

[아이템]

- 사용자가 원격으로 반려견의 먹이를 제공하고, 먹이 섭취량을 모니터링 할 수 있게 해주는 하드웨어 제품 – 펫피터

[필요한 내부 역량]

- 하드웨어 설계 및 제조 역량 : 펫피터 제품의 기능과 품질을 보장하기 위해 높은 수준의 하드웨어 설계 및 제조 역량이 필요하다.
- 소프트웨어 및 애플리케이션 개발 역량 : 사용자가 원격으로 먹이를 제공하고 모니터링할 수 있는 펫피터 애플리케이션의 설계 및 개발 역량이 필요하다.
- 데이터 분석 및 인사이트 제공 역량 : 먹이 섭취량 데이터를 분석하고 사용자에게 유용한 인사이트를 제공할 수 있는 데이터 분석 역량이 필요하다.
- 고객 서비스 및 지원 역량 : 제품 사용 중 발생할 수 있는 문제를 해결하고, 사용자의 질문 및 불만사항에 응답할 수 있는 고객 서비스 및 지원 역량이 필요하다.
- 반려동물 케어 및 영양학 전문 지식 : 반려견의 영양 및 건강에 대한 전문적인 지식을 가지고 있어야 사용자에게 더 나은 서비스를 제공할 수 있다.

[주요 외부 파트너]

- 하드웨어 제조업체 : 펫피터 제품의 품질과 생산능력을 보장하기 위해 신뢰할 수 있는 하드웨어 제조업체와 파트너십을 구축할 필요가 있다.
- 소프트웨어 및 애플리케이션 개발 업체 : 애플리케이션 개발 및 유지보수를 위해 소프트웨어 및 애플리케이션 개발 업체와의 협력이 필요하다.
- 데이터 분석 및 인사이트 제공 플랫폼 : 데이터 분석 및 인사이트 제공을 돕기 위해 데이터 분석 플랫폼과의 파트너십을 고려할 수 있다.
- 반려동물 케어 및 영양학 전문가 혹은 단체 : 반려견의 영양 및 건강에 대한 전문적인 지식과 지원을 제공받기 위해 반려동물 케어 및 영양학 전문가 혹은 단체와의 협력을 고려할 수 있다.
- 온라인 및 오프라인 소매업체 : 펫피터 제품의 판매 및 유통을 확장하기 위해 온라인 및 오프라인 소매업체와의 파트너십을 구축할 수 있다.

CHAPTER 08

사업계획서에 대한

심도 있는 이해

이 장에서는 _____

사업계획서는 창업의 성패를 좌우하는 중요한 문서이다. 정부 지원 과제를 위한 사업계획서이지만, 창업자에게는 새로운 도전을 위한 첫 걸음을 내디딘 용기 있는 행동이다.

이 문서를 통해 창업자는 본인의 아이디어와 비전을 제시하며, 심사위원에게 사업의 가치와 실행 가능성을 증명해야 한다. 이 책의 마지막 장에서는, 사업계획서 작성에 있어 심도있게 이해해야 할 주요 요소들을 제시한다. 사업계획서 작성의 심도있는 이해를 바탕으로, 자기 아이디어와 계획을 더욱 타당하고 설득력 있게 제시할 수 있다.

TRL 지표

TRL(Technology Readiness Level) 지표는 기술의 성숙도를 평가하는 지표로, 기술 개발의 여러 단계를 9개의 레벨로 나누어, 각 레벨에서의 기술의 성숙도와 준비도를 평가한다. 창업자는 이 지표를 이해하고, 창업팀의 기술이 어떤 레벨에 위치하는지를 알아야만 효과적인 기술 개발 및 사업 계획을 수립할 수 있다. 또한 정부 창업 지원과제에서는 TRL 지표를 통해 기술의 성숙도를 평가하고, 지원 대상을 선정하기도 한다.

TRL의 지표를 살펴보면, 아래와 같다.

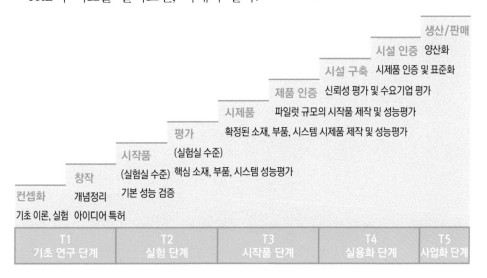

T1 기초 연구 단계	T2 실험 단계	T3 시작품 단계	T4 실용화 단계	T5 사업화 단계
컨셉화 기초 이론, 실험 아이디어 특허	창작 개념정리 (실험실 수준) 기본 성능 검증	시작품 (실험실 수준) 핵심 소재, 부품, 시스템 성능평가 평가 (실험실 수준) 확정된 소재, 부품, 시스템 시제품 제작 및 성능평가	시제품 파일럿 규모의 시작품 제작 및 성능평가 제품 인증 신뢰성 평가 및 수요기업 평가 시설 구축 시제품 인증 및 표준화	시설 인증 양산화 생산/판매

창업 지원사업은 TRL3 이상을 지원해주는 사업이다. 이렇게 사업마다 TRL 레벨이 정해져 있으며, 어떤 공고를 보면 TRL로 대상을 명기하는 때도 있다.

TRL을 좀 더 살펴보면 아래와 같이 설명할 수 있다. 예시는 좀 더 쉽게 이해하기 위해서 킥보드 타이어를 만드는 것을 예시로 작성해 보았다.

TRL Lv.	설명	예시 (킥보드 타이어)
TRL 1	아이디어 단계. 기초 연구 시작.	킥보드 타이어의 기본 구조와 소재에 대한 아이디어를 생각한다.
TRL 2	기초 아이디어 검증.	작은 실험을 통해 선택한 소재의 내구성과 특성을 검증한다.
TRL 3	작은 모델 만들기.	작은 크기의 킥보드 타이어 모델을 만들어 보고 어떻게 동작하는지 확인한다.
TRL 4	실험실에서 테스트.	실험실에서 만든 타이어 모델을 테스트하여 문제점을 찾아보고 개선 방안을 모색한다.
TRL 5	실제와 비슷한 환경에서 테스트.	실제 도로에서 킥보드 타이어를 테스트하여 도로 상황에서의 성능을 확인한다.
TRL 6	실제 환경에서 작은 규모로 테스트.	실제 환경에서 몇 명의 사용자에게 킥보드 타이어를 제공하고 피드백을 수집한다.
TRL 7	실제 환경에서 더 큰 규모로 테스트.	더 많은 사용자에게 킥보드 타이어를 제공하고, 대량 생산 전 마지막 검증을 진행한다.
TRL 8	최종 테스트 및 수정.	사용자 피드백을 바탕으로 마지막 문제점을 수정하고, 최종 버전의 타이어를 완성한다.
TRL 9	상품화.	킥보드 타이어를 시장에 출시하고 판매를 시작한다.

이러한 TRL 지표를 통해 킥보드 타이어 개발 프로젝트가 어떤 단계에 위치하는지, 그리고 다음 단계로 나아가기 위해 어떤 작업이 필요한지를 쉽게 파악할 수 있다. 이는 창업자에게 프로젝트의 진척 상황을 체계적으로 관리하는 방법을 제공한다.

당신이 심사위원이라면,
어떻게 평가할 것인가?

심사위원의 역할은 창업자의 사업계획서를 철저히 분석하고, 사업의 타당성, 혁신성, 실행 가능성을 평가하는 것이다. 예비창업자로서 심사위원의 입장을 이해하는 것은 사업계획서를 더욱 타당하고 설득력 있는 방식으로 구성하는 데 큰 도움이 된다. 심사위원의 평가 기준과 실제 평가 과정을 살펴본다.

01 　심사위원의 구성

주관 기관에서는 심사위원을 구성하게 된다. 보통 심사위원은 해당 분야의 전문가, 산업계 인사, 학계의 교수, 정부 관계자, 또는 창업 지원 기관의 대표 등으로 5명 또는 7명으로 구성된다. 그중 한 명은 심사위원장을 맡아 공정하고 객관적인 심사 과정을 진행하게 된다. 창업자의 사업계획서는 이런 분들에게 오픈되는 것이며, 평가가 진행된다.

지원 프로그램에서의 심사는 대개 사업의 타당성, 혁신성, 시장의 수용 가능성, 경쟁력, 그리고 팀의 역량 등 다양한 기준을 바탕으로 이루어진다. 또한, 사업의 재무 상태, 수익 모델, 시장 진입 전략 등도 중요한 평가 기준으로 작용한다. 창업자는 이러한 평가 기준을 충족시키기 위해 사업 계획서의 각 부분을 철저히 준비하고, 가능한 한 실질적이고 명확한 데이터를 제공해야 한다.

사업 공고를 살펴보면, 심사 기준이 제시되는 경우도 있다. 이 기준에 따라 심사위원에게는 아래와 같이 제출된 사업계획서 평가 심사 기준표가 제시될 수 있다. 실제 평가 기준은 각 창업 지원 프로그램의 목적 및 요구사항에 따라 달라질 수 있으므로, 이 표는 참고용으로만 사용해야 한다.

심사위원은 이런 심사평가표를 10분 안팎의 시간 동안 평가하게 된다. 창업자는 심혈을 기울여 작성한 소중한 사업계획서는 단 10분 만에 평가받게 된다. 이 때문에 사업계획서에는 '쪽수 제한'이 주어지곤 한다.('쪽수 제한'은 지킨다.)

중요한 단어는 강조하고, 표현은 문장이 간결하면서 단순하게 정리한다. 복잡하고 모호한 언어보다 구체적인 언어와 개념으로 표현하고, 요구하는 사항에 적합한 내용을 표시하여 심사위원의 고개가 갸우뚱거리지 않도록 작성한다. 사업내용이 누구나 명확하게 이해할 수 있도록 작성해야 한다.

심사 평가 기준표는 창업자가 심사위원의 평가 기준과 심사 과정을 제대로 이해하고 사업계획서를 작성할 수 있도록 한다. 기술적인 내용은 단순하고 이해하기 쉽게 설명해야 한다.

평가 항목	세부 항목	설명	평가/배점
사업 아이디어 및 목표	혁신성	사업 아이디어의 독창성과 차별성	__ / 10
	명확성	사업의 목표와 방향이 명확하게 제시되었는지	__ / 10
	실현 가능성	사업 아이디어의 실행 가능성	__ / 10
시장 분석	시장 규모 및 성장성	대상 시장의 규모와 성장 가능성	__ / 10
	경쟁 분석	경쟁사 및 대체 상품/서비스 분석	__ / 10
	타겟 고객	타겟 고객의 정의와 이해	__ / 10
마케팅 및 판매 전략	마케팅 전략	유효한 마케팅 전략 제시	__ / 10
	판매 전략	판매 채널 및 전략 제시	__ / 10
제품/서비스 개발	기술 혁신성	제품/서비스의 기술적 혁신성	__ / 10
	제품/서비스 품질	제품/서비스의 품질 관리 방안	__ / 10
재무 계획	수익 모델	수익 창출 방안 및 모델 제시	__ / 10
	재무 예측	재무 예측의 타당성 및 명확성	__ / 10
팀 및 조직	팀의 역량	팀원의 전문성 및 역량	__ / 10
	조직 구조	조직 구조 및 역할 분배	__ / 10
	ESG 준비	환경, 사회, 지배구조(Esg)에 대한 준비 상태	__ / 10

종합 의견 (긍정) :

종합 의견 (부정) :

03   심사위원은 기술 전문가가 아닌 사업 전문가이다

창업 지원 과제의 평가에서 심사위원의 역할은 중요하다. 그러나 심사위원 모두가 기술의 세세한 부분에 대한 전문가는 아니다. 대부분 심사위원은 사업 전문가로서, 사업의 전략, 시장의 수용 가능성, 재무 구조, 팀 구성 등에 더 중점을 둔다. 따라서 예비창업자는 이러한 점을 고려하여 사업계획서를 작성해야 한다.

▎ **기술 설명의 단순화** : 기술적인 내용은 단순하고 이해하기 쉽게 설명해야 한다. 복잡한 기술 용어와 개념을 사용하면 심사위원이 이해하지 못할 수 있으며, 이는 평가에 부정적인 영향을 미칠 수 있다.

▎ **비즈니스 가치 강조** : 기술의 비즈니스 가치를 명확하게 제시해야 한다. 기술이 어떻게 시장의 문제를 해결하고, 어떻게 수익을 창출할 것인지를 명확하게 설명해야 심사위원이 사업의 가치를 인식할 수 있다.

▎ **비즈니스 모델의 명확성** : 기술이 어떻게 비즈니스 모델에 통합되는지, 그리고 이를 통해 어떻게 수익을 창출하고 시장에서 경쟁력을 유지할 것인지를 명확하게 설명해야 한다.

▎ **시장 및 고객의 이해** : 기술이 아무리 우수하더라도 시장의 수요와 고객의 필요를 충족하지 못한다면 사업은 성공하기 어렵다. 따라서 시장 분석, 고객 인터뷰, 경쟁 상품 분석 등을 통해 시장과 고객의 요구를 정확하게 이해하고, 이를 사업계획서에 명확하게 반영해야 한다.

이처럼, 예비창업자는 기술 전문가가 아닌 사업 전문가의 관점에서 심사위원이 어떻게 사업계획서를 평가할지를 이해하고, 이에 따라 사업계획서를 작성하고 준비해야 한다.

제목(과제 명)을 어떻게 써야 할까?

제목은 사업계획서의 첫인상을 제공한다. 이는 독자의 관심을 끌고, 무엇이 다가올지에 대한 기대를 형성하는 역할을 한다. 제목이 중요한 이유는 여러 가지가 있지만, 가장 중요한 것은 제목이 사업계획서의 내용을 간결하게 전달하고 심사위원의 호기심을 자극하기 때문이다.

제목은 사업계획서의 전반적인 이해를 돕기 쉽게 해야 한다. 또, 사업계획서의 나머지 부분과 마찬가지로 신중하게 고려되어야 하는 부분이며, 이는 첫인상을 제공하고 독자의 관심을 끄는 데 중요한 역할을 한다. 특히 예비창업자들은 제목을 통해 심사위원의 첫인상을 긍정적으로 만들고, 사업 아이디어의 핵심을 강조할 수 있어야 한다.

01 제목 작성 전 사전 준비

제목을 작성하기 전에, 사업의 핵심 아이디어와 목표를 명확하게 이해해야 한다. 이를 위해 사업 아이디어와 목표를 정리하고, 핵심 메시지를 도출해야 한다.

이를 위해, 사업 아이템과 비즈니스 모델을 명확히 확립하고 구체적으로 정리되어야 한다.

02 핵심 키워드의 선정

사업의 핵심 아이디어와 목표를 반영하는 키워드를 선정해야 한다. 이 키워드는 제목에 포함되어 사업의 주요 내용을 빠르게 전달할 수 있어야 한다.

- **목표 고객과 고객의 문제** : 어떤 고객의 어떤 문제를 해결할지가 포함되어야 한다.
- **고객 가치** : 고객의 문제를 해결하기 위해, 고객에게 어떤 가치를 제공할 것인지에 관한 내용을 포함해야 한다.
- **사용할 기술** : 어떤 기술을 사용해서 고객의 문제를 해결할 것인가?, 창업 아이템에 어떤 기술을 적용할 것인가에 대해 기술한다. 이 점은 기술적 트렌드를 반영해야 한다.
- **아이템명** : 아이템명은 창업 아이템을 설명할 수 있는 설명력 있는 단어로 아이템명을 작성한다.

03 제목의 구조화

제목은 구조화되어야 한다. 일반적으로 제목은 사업의 핵심 아이디어와 목표를 간결하게 설명하거나 독자의 관심을 끄는 질문 형태로 구성할 수 있다.

제목은 명확하고 간결해야 한다. 불필요한 단어는 제외하고, 사업의 핵심 아이디어와 목표를 명확하게 전달할 수 있는 단어를 선택해야 한다.

본 서에서 예시로 작성된 5가지 과제명을 참고하여 창업가의 아이템에 대해 아래와 같이 설명한다.

- 사용자의 건강 및 운동 데이터를 추적하고 분석하여 개인화된 운동 및 식단 추천을 제공하는 모바일 앱 - 헬스트레커
- 구독자에게 매월 다양한 화장품과 스킨케어 제품을 제공하는 - 뷰티박스
- 사용자가 원격으로 반려견의 먹이를 제공하고, 먹이 섭취량을 모니터링할 수 있게 해주는 하드웨어 제품 - 펫피터
- 실시간 건강 진단으로 높은 수확량 및 품질 보장하는 AI와 IoT를 활용한 농작물 헬스케어 모니터링 시스템 - GreenGuardian
- 재생에너지 최적화 스마트 그리드 EcoFlow: 소비자 중심의 에너지 관리로 친환경적이고 경제적인 전력 솔루션 제공

외주에 대한 이해

외주는 창업 초기에 리소스가 부족한 상황에서 필요한 역량을 확보하거나, 특정 프로젝트의 전문 지식이 필요할 때 유용한 방법이다. 외주의 필요성과 그에 따른 장단점, 외주 업체 선택 시 고려해야 할 사항, 외주 계약 및 관리 방법에 대해 이해해야 한다.

창업자는 외주를 통해 기업의 역량을 어떻게 확장할 수 있는지, 외주 프로젝트를 어떻게 효과적으로 관리할 수 있는지 이해해야 한다. 외주가 올바르게 관리될 경우 기업의 성장에 큰 도움이 될 수 있으므로, 이에 대한 이해는 창업자에게 매우 중요하다.

01 외주의 필요성과 장단점

외주는 창업 초기에 필요한 역량을 확보하거나 특정 프로젝트를 수행하는 데에 큰 도움을 줄 수 있는 방법이다. 특히 창업자는 자금이나 인력 등의 한정된 리소스 상황에서 외주의 필요성을 높게 느낄 수 있다. 하지만 외주의 결정은 신중하게 이뤄져야 하며, 잘못 관리될 경우 사업에 부정적인 영향을 끼칠 수 있다.

외주의 필요성 (장점)

- **전문성 확보** : 외주는 특정 분야의 전문가에게 업무를 맡기므로 높은 수준의 전문성을 확보할 수 있다. 이는 기업이 보유하지 않은 기술이나 지식을 확보하는 데에 효과적이다.
- **비용 절감** : 외주는 내부에서 직원을 고용하고 관리하는 것보다 비용을 절감할 수 있다. 특히 임금, 복리후생비, 교육비용 등을 절감할 수 있다.
- **시간 절약** : 외주 업체는 해당 분야의 전문가로 구성되어 있어 더 빠르게 업무를 완료할 수 있다. 이는 시장에 빠르게 진입하거나 경쟁 우위를 확보하는 데에 중요하다.
- **집중도 향상** : 외주를 통해 기업은 핵심 업무에 더욱 집중할 수 있다. 이는 기업의 핵심 역량을 강화하고 사업성과를 향상시킬 수 있다.

외주의 문제점 (단점)

- **통제력 손실** : 외주를 통해 업무를 맡길 경우, 내부에서의 업무 관리와 달리 외부 업체에 대한 통제력이 상대적으로 낮아진다. 이는 프로젝트의 진행 상황을 파악하거나 필요한 수정을 제시하는 것이 어렵게 만든다.
- **품질 변동** : 외주 업체의 역량이나 품질 관리 시스템에 따라 제공되는 서비스나 제품의 품질이 변동할 수 있다. 이는 기업의 브랜드 이미지나 고객 만족도에 영향을 줄 수 있다.

- **커뮤니케이션 어려움** : 외주 업체와의 커뮤니케이션은 내부 팀과의 커뮤니케이션보다 복잡하고 어려울 수 있다. 이는 프로젝트의 진행 상황이나 변경 사항을 적시에 전달하거나 이해하는 데에 어려움을 겪을 수 있다.

외주의 결정은 위와 같은 다양한 이유로 중요하다. 외주 업체 선택과 관리 방법에 대한 충분한 이해 없이 외주를 결정하는 것은 기업에 심각한 위험을 초래할 수 있다. 따라서 예비창업자는 외주의 필요성과 장단점을 충분히 이해하고, 신중한 결정을 내려야 한다.

02 외주 업체 선택 시 고려사항

외주 업체의 선택은 창업의 성패를 좌우할 수 있는 중요한 단계이다. 잘못된 선택은 시간과 자원의 손실을 초래하며, 때로는 사업의 신뢰도까지도 손상시킬 수 있다. 따라서 예비창업자는 외주 업체를 선택할 때 다음과 같은 고려사항을 심도 있게 고려해야 한다.

업체의 전문성 및 경험

- 외주 업체의 이전 작업 포트폴리오를 검토하여 해당 업체의 전문성과 경험을 평가한다.
- 업체의 전문 분야와 기술 능력이 당신의 프로젝트 요구사항과 일치하는지 확인한다.

- 참조 사례를 요청하여 업체의 신뢰도와 성공 기록을 검증한다.

커뮤니케이션 및 협업 도구

- 외주 업체와의 원활한 커뮤니케이션은 프로젝트의 성공에 있어 핵심적이다.
- 커뮤니케이션 및 협업 도구가 효과적인지, 더불어 창업팀과 어울리는지 확인한다.

프로젝트 관리 및 보고 체계

- 외주 업체의 프로젝트 관리 방식과 보고 체계를 이해한다.
- 정기적인 진행 상황 보고와 피드백 루프가 확립되어 있는지 확인한다.

비용 및 지불 조건

- 외주 업체의 비용 구조와 지불 조건을 명확하게 이해한다.
- 예상되는 총비용과 단계별 지불 일정을 확인하며, 추가 비용이 발생할 수 있는 상황에 대비한다.

품질 관리 및 보증

- 외주 업체의 품질 관리 프로세스와 기준을 확인한다.
- 프로젝트 완료 후에도 품질 보증이나 지원이 제공되는지 확인한다.

지적 재산권 및 기밀성 보호

- 외주 업체와의 계약에서 지적 재산권 및 기밀성 보호 조항이 명확하게 기술되어 있는지 확인한다.
- 필요한 경우, 외주 업체와 기밀성 협약(NDA)을 체결한다.

외주 업체와의 협업은 초기 창업자뿐 아니라, 기존 사업자들도 필요하다. 가장 큰 문제는 창업자가 스스로 외주 업체를 판단할 수 있는 능력이 없는 경우이다.

이 과정에서 가장 쉬운 방법은 신뢰를 바탕으로 한 지인이 창업가가 원하는 외주 영역의 능력을 보유하고 있을 때는 어려움이 없지만 지인과 거래를 하다가 서로 적이 되어 있는 경우도 많이 발생한다.

외주 업체는 스스로 판단하기 어렵다면 꼭 전문가의 컨설팅을 받아야 한다. 필자의 경우 초기 창업자의 PM(Project Management)을 외주로 받는 경우가 종종 있다. 매년 10개 안팎의 초기 창업자의 PM 대행을 진행하는데, 이 창업자들의 과제 완성률은 100%이다. 이처럼 지인을 활용하거나 컨설팅을 활용하면 시간과 돈을 절약할 수 있게 된다.

시제품과 양산품은 다르다

시제품과 양산품은 제품 개발에서 매우 중요한 단계이다. 어떤 창업자든지 이 두 단계의 차이를 명확하게 이해하고 차이를 바탕으로 제품 개발 전략을 세워야 한다.

시제품은 아이디어를 현실로 전환하는 첫 번째 단계로, 이는 아이디어의 현실성을 검증하는 단계이며, 제품의 기본적인 형태나 기능을 실제로 구현해 보는 과정이다. 이 단계에서는 다양한 방법으로 제품을 시뮬레이션하게 되며 3D 프린트, 목업, 주형을 사용하여 아이디어를 구체화하고, 시장에 출시하기 전에 제품의 기능이나 디자인을 테스트하는 과정이다. 이 단계에서는 원가나 공정보다는 제품의 기능이나 디자인에 중점을 둔다.

반면, 양산품은 시장에 출시하기 위한 제품으로, 시제품을 기초로 하여 대량으로 생산될 수 있도록 제품을 수정하고 최적화하는 과정이다. 이 단계에서는 제품의 원가를 낮추고, 제품의 품질을 일관되게 유지하는 것에 중점을 두어야 한다.

TRL(Technology Readiness Level) 지표에 따르면, 시제품은 'TRL #5'에 해당하며, 양산품은 'TRL #9'에 해당한다. 이는 제품의 기술적 준비도를 나타내는 지표로, 시제품과 양산품 사이의 기술적 차이를 명확하게 보여준다.

그러나 많은 예비창업자들이 시제품을 완제품으로 착각하는 실수를 범한다. 이에 따라 자금 할당에 오류가 발생하게 되며, 이러한 오류는 스타트업의 성장을 방해하곤 한다. 시제품의 완성이 개발의 완성이 아니라는 것을 항상 기억해야 한다. 시제품 단계에서의 성공은 다음 단계로 나아가기 위한 출발점에 불과하기 때문이다. 예비창업자들은 시제품과 양산품의 차이를 명확하게 이해하고, 각 단계에 맞는 전략을 세워야 한다. 이를 통해 성공적인 제품 출시와 스타트업의 지속적인 성장을 이룰 수 있게 된다.

01 시제품의 중요성

시제품은 제품 개발의 초기 단계에서 제품 아이디어의 실행 가능성을 확인하는 단계이다. 예를 들어, 스마트폰 액세서리 제품을 개발한다고 가정해 보면, 시제품 단계에서는 소재의 선택, 디자인의 적합성, 기능의 효율성 등을 중점적으로 검토하게 되며, 3D 프린팅 기술을 활용하여 실제 크기와 형태의 모델을 만들어 보거나, 다양한 소재를 사용하여 테스트를 진행하게 된다.

이렇게 만들어진 시제품을 바탕으로 초기 사용자 테스트나 피드백 수집이 가능하고, 이를 통해 제품의 문제점이나 개선할 부분을 빠르게 파악하고 수정할 수 있다.

02 양산품의 중요성

양산품은 제품이 시장에 출시될 준비가 되었을 때의 단계로, 이제는 대량으로 생산하기에 앞서, 제조 공정의 효율성, 원가 절감, 품질 관리 등에 중점을 두어야 한다.

가령, 시제품에서는 고가의 소재를 사용했다면, 양산품에서는 동일한 품질을 유지하면서 원가를 절감할 수 있는 대체 소재를 찾아야 한다. 또한, 대량 생산을 위한 기계나 설비의 투자, 품질을 일관되게 유지하기 위한 품질 관리 시스템의 구축 등이 필요해진다.

03 시제품과 양산품의 차이에 따른 자금 할당의 중요성

시제품의 완성을 개발의 종료로 착각하는 창업자들이 많다. 예를 들어, 시제품 개발에 개발자금을 투자했다고 해도, 양산품을 위한 추가 투자나 연구 개발 비용은 그보다 훨씬 클 수 있다.

스타트업은 초기 투자금으로 시제품을 개발하고, 그 결과를 통해 추가 투자를 유치하는 경우가 있다. 만약 양산품의 필요 비용을 잘못 예측하여 자금 부족이 발생한다면, 스타트업은 큰 위기에 처하게 된다. 이를 방지하기 위해서는 시제품과 양산품의 차이와 각 단계별 필요 자금을 정확히 예측해야 한다.

따라서 예비 창업자는 제품 개발의 각 단계와 그에 따른 자금과 리소스를 철저히 계획하고 준비해야 한다. 시제품과 양산품의 차이를 정확히 파악하고, 각 단계에 필요한 전략과 투자를 계획하는 것은 성공적인 창업의 핵심이다.

우리 제품은 어떤 인증이 필요한지
꼭 확인하고 개발을 시작하자

제품 및 서비스를 개발하였을 때, 어떤 인증이 필수적인지를 미리 파악하고 개발 절차를 착수해야 한다.

창업자로서 사업을 시작할 때, 제품 또는 서비스의 품질과 신뢰성을 고객에게 입증하는 것은 매우 중요하다. 여기서 '인증'이 바로 그 중요한 수단이다. 인증은 제품이나 서비스가 특정 기준이나 기준을 충족하고 있음을 공식적으로 증명하는 과정이다.

첫째, 인증은 시장 진입의 기본적인 조건이다.

여러 국가나 지역에서는 규제 및 법적 요구사항으로 인해 특정 제품 또는 서비스에 대한 인증을 필수로 하고 있다. 이러한 인증을 획득하지 않으면 시장에 제품을 출시할 수 없으며, 규제 기관으로부터 법적 조치를 받을 수 있다. 따라서 시장 진입을 원활히 하기 위해서는 인증 획득이 필수적이다.

둘째, 인증은 고객의 신뢰를 얻는 데 중요한 역할을 한다.

소비자는 제품이나 서비스를 구매할 때 안전성, 효과성, 품질 등에 대한 확신을 원한다. 인증 마크나 라벨은 이러한 확신을 제공하는 중요한 도구이다. 특히 경쟁력 있는 시장에서 소비자의 선택을 이끌어내기 위해선 이러한 신뢰를 구축하는 것이 필수적이다.

셋째, 인증은 경쟁사와의 차별화 전략의 일환으로 활용될 수 있다.

동일한 카테고리의 제품 또는 서비스 중 인증을 받은 제품이나 서비스는 그렇지 않은 다른 제품에 비해 우위를 점할 수 있다. 특히 환경 인증, 유기농 인증 등의 경우는 소비자의 지속 가능한 소비 경향과 맞물려 큰 경쟁력을 가질 수 있다.

마지막으로, 인증은 기업의 지속적인 품질 개선을 촉진한다.

인증을 유지하기 위해서는 지속적인 기준 준수 및 갱신이 필요하다. 이 과정에서 기업은 자체 제품이나 서비스의 품질을 계속해서 검토하고 개선하는 기회를 얻게 된다.

결론적으로, 예비 창업자는 인증의 중요성을 반드시 이해하고, 이를 사업 전략의 핵심 요소로 포함시켜야 한다. 시장 진입에서부터 고객의 신뢰 확보, 경쟁사와의 차별화, 그리고 지속적인 품질 개선까지 인증은 창업자의 성공적인 사업 운영을 위한 필수적인 요소이다.

국내 주요 카테고리와 관련된 인증을 아래와 같이 표로 정리해보았다. 창업가가 목표하고 있는 제품 및 서비스의 세부 카테고리에 따라 해당 분야의 전문가나 법률가와 상담하여 필요한 인증 및 허가 정보를 자세히 알아보는 것이 필요하다.

카테고리	필수 인증
전기 제품	KC(한국전기안전공사) 마크
전자 / 통신 장비	RRA(Radio Research Agency) 마크
화장품	화장품 제조업 허가증
의료기기	의료기기 제조업 허가증, 의료기기 판매업 허가증
식품 / 건강 기능 식품	식품 제조업 허가증, 건강기능식품 제조 판매 허가
아동용품	KC 인증
자동차 및 부품	자동차 안전인증
건설 재표	건축재료 인증
환경 기술 및 제품	환경표지 인증
IT 및 클라우드 서비스	정보보호 관리체계(ISMS) 인증

국내의 경우뿐 아니라, 수출을 계획하고 있다면, 해당 국가의 인증 제도를 이해해야 한다. 필수 인증이라는 의미는 꼭 획득해야 제품의 정상적인 판매가 가능하다는 의미이기 때문이다. '인증'을 획득하기 위해서 시간과 자금이 필요하다. 해외의 경우, 직접 수행하기 힘들 수 있기 때문에 대행을 진행하는 경우가 많다. 필자는 국내에서는 KC, RRA, 의료기기 제조업 허가증, 의료기기 판매업 허가증을 획득했었고, 해외 인증은 UL, FCC, TELEC, CCC, CE, RoHs 등을 획득했다. 필히, 창업 아이템의 카테고리를 파악하고, 관련 인증제도를 먼저 파악하도록 한다.

► 해외 주요 카테고리와 관련된 필수 인증

카테고리	미국	일본	중국	유럽
전기 제품	UL	PSE	CCC	CE
전자 / 통신 장비	FCC	TELEC VCCI	SRRC CCC	CE RoHS
화장품	FDA	MHLW	NMPA	CPNP
의료기기	FDA	PMDA	NMPA	CE (MDR/IVDR)
식품 / 건강 기능 식품	FDA USDA	MHLW JAS	GB standards	EFSA Ecolabel
아동용품	CPSC	MHLW	CCC	CE
자동차 및 부품	DOT EPA	MLIT	CCC	ECE EU type approval
건설 재료	ASTM standards	JIS	GB standards	CE
환경 기술 및 제품	EPA	MOE	SEPA	Ecolabel
IT 및 클라우드 서비스	NIST standards	METI standards	MIIT standards	GDPR

ESG에 대한 준비

ESG(환경, 사회 및 지배구조)는 현대 사업의 핵심 요소로 부상하고 있다. 이는 기업이 지속 가능하고 책임감 있는 방식으로 운영되도록 보장함으로써, 장기적으로 성공확률과 높은 투자자 및 고객 만족도를 촉진한다.

사업에 따라서, EGS를 요구하는 경우도 점점 많아지는 추세이다. 정부 창업 지원과제를 통해 자금을 조달하려는 창업자들은 ESG 준비가 프로젝트의 성공 가능성을 크게 높일 수 있음을 인식해야 한다.

ESG의 기본 개념과 ESG 준비를 위한 기본 가이드라인을 살펴보고, 창업자들이 이를 통해 어떻게 사업의 지속 가능성과 사회적 인식을 높일 수 있는지에 대한 이해하도록 한다. 이를 통해 창업자들은 사업계획서를 작성하고 프로젝트를 실행할 때 ESG 요인을 어떻게 통합할 수 있는지에 이해할 수 있다.

01   ESG의 정의

- **환경**(Environment) : 환경 관련 요소는 기업이 자연 환경과 어떻게 상호 작용하는지, 그리고 이러한 상호 작용이 어떻게 기업의 운영과 성과에 영향을 미치는지를 포함한다. 이에는 기업의 에너지 사용 효율, 폐기물 및 오염 관리, 그리고 기후 변화에 대한 대응 등이 포함된다.
- **사회**(Social) : 사회적 요소는 기업이 사회와 어떻게 상호 작용하는지 및 기업의 비즈니스 행동이 지역사회와 더 넓은 사회에 어떤 영향을 미치는지를 포함한다. 이에는 고용 행태, 노동관계, 지역사회와의 관계, 그리고 공급망 관리 등이 포함된다.
- **지배구조**(Governance) : 지배구조 요소는 기업의 내부 구조와 운영 방식을 포함한다. 이에는 기업의 이사회 구조, 주주와의 관계, 그리고 기업 윤리와 법률 준수 등이 포함된다.

02   ESG의 중요성

- **투자자와의 관계 강화** : ESG는 투자자들에게 기업의 지속 가능성과 사회적 책임에 대한 심각한 이해를 보여준다. 이는 투자자들이 기업을 더 신뢰하게 하며, 그 결과로 장기적인 투자를 유치하는 데 도움이 된다.
- **사회적 신용 증진** : ESG 준수는 고객, 공급업체, 지역 사회와의 더 강력하고 긍정적인 관계를 구축하는 데 도움이 된다. 이는 기업의 사회적 신용을 증진시키며, 브랜드 인식과 충성도를 높이는 데 기여한다.

- 법률 및 규제 준수 : ESG 준비는 기업이 국가 및 국제 법률 및 규제 요구 사항을 충족시키는 데 도움이 된다. 이는 법률적 위험을 감소시키고, 기업이 더 안정적이고 예측 가능한 운영 환경에서 사업을 진행할 수 있게 한다.

03 스타트업을 위한 ESG 준비

스타트업의 ESG 준비를 위한 기본 예시를 아래와 같이 설명한다.

환경(Environment)적 요소의 예시

- 에너지 효율
  - LED 조명 사용 : 전통적인 전구보다 에너지 소비가 적고 수명이 더 길다.
  - 태양열 시스템 설치 : 태양 에너지를 활용하여 전기 비용을 절감하고, 탄소 발자국을 줄인다.

- 폐기물 관리
  - 재활용 프로그램 개발 : 재활용 가능한 재료를 분리수거하여 재활용한다.
  - 생분해성 패키지 사용 : 폐기물의 양을 줄이고 환경에 덜 해로운 포장재를 사용한다.

- 물 사용 최소화
  - 물 절약 기기 설치 : 저흐름 샤워 헤드 및 두 배 화장실 플러시 사용 등으로 물 사용량을 줄인다.

- 빗물 수집 시스템 설치 : 빗물을 수집하여 화장실 물로 사용하거나 정원에 사용한다.

대기오염 감소
- **전기 차량 및 하이브리드 차량 사용** : 전통적인 연료 차량보다 대기오염을 줄일 수 있다.
- **공유 교통 이용 촉진** : 자동차 이용을 줄이고 대중교통 또는 자전거, 도보를 이용하도록 장려한다.

친환경 제품 및 서비스 개발
- **친환경 제품 라인 출시** : 환경에 덜 해로운 재료와 제조 과정을 사용하여 제품을 개발한다.

사회(Social)적 요소의 예시

다양성 및 포용성
- **다양성 및 포용성 정책 개발** : 기업 문화와 정책을 통해 다양성을 촉진하고 포용성을 강화한다.
- **다양한 배경의 인재 채용** : 다양한 문화, 성별, 연령 및 전문 분야의 인재를 채용한다.

커뮤니티 참여
- **지역 봉사 활동** : 지역 사회와의 연결을 강화하고 기업의 사회적 책임을 실천한다.
- **기부 프로그램** : 지역 사회의 단체나 필요한 사람들에게 기부한다.

▌ 직원 복지 및 발전

■ **프로페셔널 개발 프로그램** : 직원의 개인 및 전문적 성장을 지원한다.

■ **건강 및 안전 프로그램** : 안전한 작업 환경을 제공하고 직원의 건강을 증진시킨다.

▌ 고객의 인권 및 데이터 보호

■ **개인 정보 보호 정책** : 고객의 개인 정보를 보호하고 데이터 유출을 방지한다.

■ **제품 및 서비스의 품질 보증** : 고객에게 안전하고 품질 높은 제품 및 서비스를 제공한다.

▌ 공급망 관리

■ **공정 무역 및 윤리적 인증** : 공급망 파트너와 함께 윤리적이고 지속 가능한 비즈니스 실천을 촉진한다.

지배 구조(Governance)적 요소의 예시

▌ 명확한 기업 구조

■ **이사회 운영 가이드라인 작성** : 이사회의 역할과 책임을 명확하게 정의하고, 효율적인 운영을 지원한다.

■ **주주와의 커뮤니케이션** : 주주들과의 적절한 커뮤니케이션 채널을 구축하고 유지한다.

▌ 윤리와 규정 준수

■ **윤리 강령 개발** : 기업의 윤리적 가치와 기준을 명확하게 정의한다.

- 규정 준수 교육 및 모니터링 시스템 구축 : 규정 준수를 강화하고, 위반을 방지한다.

리스크 관리

- **리스크 관리 프레임워크 개발** : 기업 리스크를 식별하고 관리하는 프레임워크를 마련한다.
- **위험 평가 및 대응 계획 수립** : 잠재적 위험을 평가하고, 이에 대응하는 계획을 수립한다.

투명한 재무 보고

- **재무 보고 기준 준수** : 국제 재무 보고 기준(IFRS) 또는 해당 국가의 재무 보고 기준을 준수한다.
- **외부 감사** : 정기적인 외부 감사를 통해 재무 보고의 정확성과 투명성을 확보한다.

주주의 의사결정 참여

- **주주총회** : 주주들의 의사결정 참여를 촉진하고, 기업 운영에 대한 투명성을 제공한다.
- **주주와의 정기적인 소통** : 주주들에게 기업의 전략 및 운영 상황을 정기적으로 공유한다.

사업계획서의 시각적 요소

시각적 요소는 사업계획서의 이해도를 크게 높일 수 있으며, 중요한 정보를 강조하고, 복잡한 데이터를 쉽게 이해할 수 있도록 돕는다. 그래픽 및 차트의 활용, 시각적 요소를 통한 정보의 효율성 있는 전달이 가능하다.

01 그래픽 및 차트 활용의 필요성

문장으로만 사업계획서를 작성한다면, 아무리 정리를 잘 했다 하더라도 한계가 있다. 그렇지만 그래픽 및 차트를 활용하면 사업계획서에서 시각적 요소로 표현되면 복잡한 정보를 단순화하고, 이해를 도와준다. 또한, 텍스트만으로는 전달이 어려운 내용을 명확하게 설명할 수 있다. 아래는 스타트업의 주요 카테고리별로 그래픽 및 차트를 활용하는 방법에 대한 예시이다.

▎ 시장 분석
  ▪ **시장 규모와 성장률** : 바 차트 또는 선 차트를 사용하여 시장 규모와 성장률을 시각화한다.

- **타겟 고객 분석** : 파이 차트 또는 도넛 차트를 활용하여 타겟 고객의 연령대, 성별, 지역 등을 표시한다.

경쟁 분석

- **경쟁사 비교** : 테이블 또는 막대 차트를 활용하여 경쟁사의 제품/서비스, 가격, 특징 등을 비교한다.

재무 계획

- **예상 수익과 지출** : 라인 차트 또는 스택 차트를 사용하여 예상 수익과 지출을 시각화한다.
- **재무 예측** : 바 차트를 활용하여 다음 몇 년 동안의 재무 상태를 예측한다.

마케팅 및 판매 전략

- **마케팅 채널 효과** : 바 차트 또는 라인 차트를 활용하여 각 마케팅 채널의 효과를 비교한다.
- **판매 목표 달성** : 게이지 차트를 사용하여 판매 목표 달성율을 시각화한다.

제품/서비스 개발

- **개발 일정** : 간트 차트를 활용하여 제품/서비스 개발의 주요 단계와 일정을 표시한다.
- **기술 혁신** : 인포그래픽을 활용하여 기술의 혁신적인 측면을 강조한다.

카테고리별로 적절한 그래픽 및 차트를 활용하면, 예비창업자는 자신의 사업 아이디어와 계획을 더욱 명확하고 효과적으로 전달할 수 있다. 이러한 시각적 요소는 사업계획서를 더욱더 전문적이고 효율적인 느낌으로 표현되어 심사위원에게 좋은 인상을 줄 수 있다.

02 그래픽 및 차트 활용 방법

시각적 요소는 사업계획서의 정보 전달의 효율성을 크게 향상시킨다. 사람의 뇌는 이미지를 텍스트보다 더 빠르게 처리하며, 시각적 요소는 복잡한 개념을 단순화하고 중요한 정보를 강조할 수 있게 해준다. 예비창업자는 이를 이해하고 그래픽, 차트, 표, 다이어그램 등의 시각적 요소를 효과적으로 활용하여 심사위원이나 투자자에게 자신의 사업 아이디어를 명확하게 전달해야 한다.

▌ 정보의 단순화
- 복잡한 데이터나 개념을 단순화하여, 심사위원이 빠르게 이해할 수 있게 한다.
- 예를 들어, 시장 성장률을 선 차트로 표현하면 한눈에 시장의 트렌드를 파악할 수 있다.

▌ 정보의 강조
- 중요한 정보나 성과를 강조하여, 심사위원의 주목을 끌 수 있다.
- 예를 들어, 성공적인 마케팅 캠페인의 결과를 바 차트로 표현하면, 어떤 캠페인이 더 효과적이었는지 쉽게 비교할 수 있다.

▌ 기억력 향상

- 시각적 요소는 심사위원이 사업계획서의 내용을 더 잘 기억하게 돕는다.
- 예를 들어, 제품의 기능을 인포그래픽으로 표현하면, 제품의 주요 기능을 더 잘 기억할 수 있다.

▌ 전문성의 표현

- 전문적으로 디자인된 그래픽은 사업계획서의 전체적인 품질을 향상시키고, 창업자의 전문성을 보여준다.
- 예를 들어, 잘 디자인된 재무 예측 차트는 창업자가 재무 상황을 잘 이해하고 관리할 수 있다는 인상을 줄 수 있다.

▌ 읽기 쉬운 문서의 제작

- 시각적 요소는 텍스트를 줄이고 페이지 레이아웃을 개선하여, 사업계획서를 읽기 쉽게 만든다.
- 예를 들어, 제품의 생산 과정을 단계별로 시각화하면, 심사위원이 더 쉽게 이해할 수 있다.

시각적 요소의 활용은 심사위원에게 좋은 첫인상을 주고, 자신의 사업 아이디어와 계획을 더욱 명확하게 전달할 수 있게 해준다. 따라서 창업자는 시각적 요소를 효과적으로 활용하는 방법을 배우고, 이를 사업계획서 작성에 적용해야 한다.

가출원

예비창업자의 입장에서, 초기 TRL2 레벨에서 특허 및 지적재산권의 확보가 필요하다. 그런데, 창업 초기에 수백만 원의 자금이 아깝기도 하고, 창업 아이템에 대해 확실한 도전 의식이 부족한 상태에서 특허를 준비하기란 쉽지 않다. 이런 경우 효과적인 방법이 가출원이다. '가출원'은 '예비출원', '임시출원'이라고도 하며, 정식 용어는 '특허청구범위유예출원'이라고 한다.

가출원의 가장 큰 장점은 급하게 지적재산권의 보호가 필요한 경우에 2-3일 내로 특허출원번호를 받을 수 있다는 것이다. 이는 논문 발표, 정부과제 진행, 시제품 발표나 기술자료 제공과 같은 상황에서 큰 도움이 된다.

가출원의 비용은 매우 저렴하다. 5만 원 이하의 저렴한 출원 비용으로 권리를 확보하고 선점할 수 있다. 이렇게 저렴한 비용으로 아이디어나 기술을 보호할 수 있는 것은 창업자에게는 커다란 장점이다. 예비출원을 통해 정규 출원 전에 아이디어를 보호할 수 있어 경쟁자에게 노출되는 것을 예방할 수 있다. 출원서, 명세서, 도면, 청구항 등 복잡한 내용 없이도 출원할 수 있으며, 아이템의 기획 및 초기 개발 단계에서도 출원이 가능하다.

하지만, 가출원에는 주의해야 할 점도 있다. 가출원에서 보류되었던 청구항은 출원일로부터 1년 6개월 이내에 재작성 해야 하고, 1년 이내에 우선권 주장을 통해 본 출원으로 진입해야 한다.

가출원을 사용하면 좋은 경우는 하드웨어의 경우 제품 개발에 여러 단계의 개발이 필요한데, 초기 기획 단계에서 가출원을 하면 향후 개발 내역 변경이나 기술 변동에 유연하게 대응할 수 있게 된다. 애플리케이션 개발 시에는 사회적 트렌드나 플랫폼의 변화에 따라 계속해서 변경될 수 있다. 이런 경우에도 가출원을 활용하면 매우 유리하다. 가출원은 창업자에게 매우 유용하므로, 꼭 활용하도록 한다.

진짜 멘토를 만들자

창업은 모험의 시작이다. 모험의 길에서 가장 중요한 것 중 하나는 '멘토'이다. 멘토는 단순한 조언자가 아니라, 창업자의 여정을 함께 걸어갈 나침반과 같은 존재이다. 창업은 불확실성과 도전으로 가득 찬 여정이며, 이 과정에서 신뢰할 수 있는 멘토의 조언과 지원은 창업자에게 필수적이다.

01 멘토의 필요성

'산 넘어 산'이라는 말이 있다. 힘들게 산에 올랐더니, 더 큰 산이 앞에 놓여 있고, 그 산을 넘으면 또 다른 산이 보이는 무한 반복이 창업이다. 더군다나, 스타트업은 증명되지 않은 비즈니스 모델을 검증하는 과정이다.

창업을 할 때 경험이 많아 예측할 수 있다면 어려움에 대처할 수 있는 방법을 쉽게 찾을 수 있을 것이다. 하지만, 늘 예측하지 못한 장애물과 도전해야 하는 과제들이 창업자 앞에 놓여 있다. 여러 가지 불확실한 상황 속에서 경험 많은 멘토의 조언은 창업자가 잠재되어 있는 문제점들을 예방할 수 있고, 도전할 수 있는 기회를 최대한 활용하도록 돕는다. 멘토는 창업자가 당면한 문제에 대해 다양한 시각으로 접근하도록 도와주며, 실질적인 시장 경험을 바탕으로 한 실용적인 조언을 제공한다. 이는 창업자가 더 넓은 관점에서 사업을 바라볼 수 있게 하며, 성공으로 이끄는 지름길을 제시할 수 있다.

02   정부 및 기관의 '멘토링 프로그램'의 한계

정부 및 기관 주도의 창업 프로그램은 많은 창업자들에게 첫 발을 내딛는 데 필요한 기본적인 지원을 제공한다. 창업자에게 이런 기회와 정보들은 정말 소중한 자원이 되고 있지만 '멘토링 프로그램'은 한계가 있다.

정부 및 기관 주도의 멘토링 프로그램에서 멘토 선정 기준은 전문성이다. 해당 분야에서 정말 많은 시간과 노력을 기울인 대기업 출신의 마케팅 전문가, 제조 전문가, 기획 전문가, 개발 전문가 등의 특성화 된 전문가이다. 실질적 경험을 가지고 있어 해당 분야에서는 존중받아야 하는 분들이다.

그렇다면 각 분야의 전문가들이 모여서 회사를 만든다면 큰 성공을 거둘 수 있을까? 이런 경우 예상외로 회사가 한 방향으로 가지 못하고 분산되는 경우가 많다. 옛 말에 사공이 많으면 산으로 간다는 표현이 적합할 것이다. 능력이 없는 것이 아니라 각기 주장이 강하면 한 방향으로 가는데 어려움이 많다는 뜻이다. 창업자는 배의 선장이다. 창업을 하려면 사업과 관련된 일들을 하나부터 열까지 결정하여 직접 실행해야 하고, 팀원들의 다른 의견들을 적절히 조율해서 최선의 방향으로 결정을 해야 한다. 선장으로서 배가 침몰하지 않도록 모든 분야를 적절히 분배하여 배가 잘 운행할 수 있도록 이끌어 가야 한다.

대기업 및 기관 출신의 전문가들은 활동을 할 수 있는 조건들이 세팅되어 있다. 따라서 이 배는 '침몰하지 않는다.'가 전제 조건이며, 창업가에겐 필수 조건인 '생존 경영'을 이해하지 못하는 경우가 많다. 창업 경험이 부족하기 때문이다. 하지만 창업자들은 한정된 자금과 역량을 바탕으로 다양한 분야를 진행해야하므로, 험난한 정글 속에서 생존 경영을 이해할 수 있는 '진짜 멘토'가 필요하다.

'진짜 멘토'는 창업가들의 아이템을 이해하고, 스타트업의 생존 경영을 이해할 수 있는 전문가라고 생각한다. 창업가의 아이템을 이해하며, 최소 7년 이상 창업을 유지하고 있으며, 일정 수준의 성공적인 매출을 발생시켜 본 적이 있는 스타트업 대표나 경험이 있는 멘토를 말하는 것이다. 이런 '진짜 멘토'는 창업가의 투자 시간과 자금을 크게 낮춰 줄 수 있는 실질적인 도움을 제공할 수 있다.

03 　분야별 멘토의 의미

멘토는 신뢰다. 신뢰는 강제로 구축하는 것이 아닌, 서로의 신뢰와 인연으로 구축된다. 필자에게도 좋은 멘토들이 많이 있다.

먼저 '인생 멘토'인 친구는 8살 위이지만 힘들 땐 같이 술잔을 기울이며 고민을 나눌 수 있고, 어려울 땐 손을 내밀어 주며, 즐거울 땐 함께 기뻐해준다.

'창업 멘토'는 청년창업사관학교에서의 인연으로 맺어졌다. 마케팅 및 영업 전문가인데 이 멘토는 스스로를 객관화시키는 능력이 뛰어나 소비자의 패턴을 파악하는데 어려움이 없다. 이 멘토의 조언으로 3년 정도 스스로를 객관화하기 위해 의식적으로 노력하여 많은 도움이 되었다.

'재무 멘토'는 8년째 인연을 이어가고 있는데 창업할 때 성공한 경우와 실패한 경우의 원인을 파악해서 조언을 주신다. 멘토의 조언으로 외부 투자가 아닌, 직접 투자를 선택했고, 신용보증기금에서 약 10억 원 정도의 스타트업 프로그램으로 대출받아 사업을 확장했다.

창업을 시작하면 외로움이 많아진다. 늘 자금에 시달리고, 시간이 부족하여 스트레스도 많이 받는다. 이럴 때 같은 고민을 공유할 수 있는 '창업 동기'가 필요하다. 초기 사업자의 고민은 대부분 비슷하여 공감대가 형성되어 위로가 되기 때문이다. '정부 과제' 프로그램 동기를 많이 사귀어 두는 것도 바람직하다. 필자에게도 같은 창업 프로그램을 수행한 동기이며, 10억 원 이상 대출을 실행한 빚쟁이 클럽친구들의 모임이 있어 서로에게 유익한 정보를 공유한다.

04 멘토 찾는 방법

멘토는 먼저 주변에서 찾는 것이 바람직하다. 창업의 길을 이해하고 있는 지인 중에 찾는 것이 기본적인 신뢰를 바탕으로 구축할 수 있는 가장 쉬운 방법이다.

다른 방법의 하나는 네트워킹이다. 업계 행사, 세미나, 온라인 포럼 참여를 통해 관련 분야의 전문가와 연결되는 기회를 마련해야 한다. 이 과정에서 내가 경험한 것처럼, 직접 성공한 창업가나 업계 리더에게 멘토링을 요청하는 것도 매우 유용한 방법이다. 중요한 것은 멘토와의 진정성 있는 관계 형성이다.

위 방법으로도 부족하다면, 인터넷과 책등의 다양한 분야에서 본인과 적합한 분들에게 직접 연락하여 네트워킹을 인위적으로 시작할 수도 있다.

참고자료

[1] www.grandviewresearch.com, 'Fitness App Market Size, Share & Trends Analysis Report By Type (Exercise & Weight Loss, Diet & Nutrition, Activity Tracking), By Platform (Android, iOS), By Device, By Region, And Segment Forecasts, 2023 - 2030'

[2] www.statista.com, Market Insights 〉 Digital 〉 App, 'Health & Fitness – South Korea'

[3] www.wellnesscreatives.com, 'Health & Fitness App Market 2023 – Size, Growth & Trends', Published by Caroline @ Wellness Creative Co on 22 September 2023

[4] www.polarismarketresearch.com, 'Japan Fitness App Market Share, Size, Trends, Industry Analysis Report, 2022 - 2030'

[5] www.ncbi.nlm.nih.gov, 'Mobile physical activity planning and tracking: a brief overview of current options and desiderata for future solutions', Published online 2021 Jan 20

[6] www.a3logics.com, 'What is Feasibility Analysis and How it is Important for Mobile App Development'

[7] www.grandviewresearch.com, 'Fitness App Market Size, Share & Trends Analysis Report By Type (Exercise & Weight Loss, Diet & Nutrition, Activity Tracking), By Platform (Android, iOS), By Device, By Region, And Segment Forecasts, 2023 - 2030'

[8] 'Smart Grids and Renewables – A Guide for Effective Deployment', IRENA 2013

[9] ieeexplore.ieee.org, 'Energy storage technologies opportunities and challenges in smart grids', Engin Ozdemir; Sule Ozdemir; Koray Erhan; Ahmet Aktas, 21–25 March 2016

[10] www.energy.gov, Science & Innovation 〉 Energy Sources 〉 Hydrogen and Fuel Cells 〉 Smart Grid

[11] 'Case study: Feasibility analysis of renewable energy supply systems in a small grid connected resort', Jody Robins, 2009

[12] www.csemag.com, 'Economic and sustainability benefits of smart grids and microgrids', Kevin Krause, October 16, 2018

[13] ieeexplore.ieee.org, 'Consumer-centric smart grid', W-H Edwin Liu; Kevin Liu; Dan Pearson, 17-19 January 2011

[14] www.fortunebusinessinsights.com, 'Smart Grid Market Size, Share & Industry Analysis By End-user (Utility, Industrial, Residential, and Commercial), By Component (Software, hardware, and Services), and Regional Forecast, 2021 - 2028', January, 2022

[15] ieeexplore.ieee.org, 'Real-Time Scheduling for Optimal Energy Optimization in Smart Grid Integrated With Renewable Energy Sources', Fahad R. Albogamy; Mohammad Yousaf Ishaq Paracha; Ghulam Hafeez; Imran Khan; Sadia Murawwat; Gul Rukh; Sheraz Khan; Mohammad Usman Ali Khan, 23 March 2022

[16] www.statista.com, Market Insights 〉 Digital 〉 Digital Health, 'Digital Fitness & Well-Being - South Korea'

[17] www.supermarketresearch.com, 'South Korea Smart Fitness Market Size, Share, Price, Trends, Growth, Analysis, Report And Forecast 2023-2028'

[18] www.marketresearch.com, 'Gyms, Health and Fitness Clubs in South Korea - Market Summary, Competitive Analysis and Forecast to 2026', December, 2021

[19] www.mordorintelligence.com, 'South Korea Cosmetics Industry Segmentation Source: https://www.mordorintelligence.com/industry-reports/south-korea-cosmetics-products-market-industry'

[20] www.globaldata.com, 'South Korea's skincare market will reach $11.4 billion in value by 2026 driven by easing of COVID-19 restrictions, says GlobalData', 13 Jun, 2022

[21] www.mordorintelligence.com, 'Market Size of South Korea Beauty and Personal Care Products Industry Source: https://www.mordorintelligence.com/industry-reports/south-korea-cosmetics-products-market-industry/market-size'

It's me
창업 시리즈 1

ChatGPT를 활용한

정부 창업과제
사업계획서 작성하기

발행일 | 2024년 1월 3일

저 자 | 이현상

발행인 | 모흥숙
발행처 | 내하출판사
주 소 | 서울 용산구 한강대로 104 라길 3
전 화 | TEL : (02)775-3241~5
팩 스 | FAX : (02)775-3246

E-mail | naeha@naeha.co.kr
Homepage | www.naeha.co.kr

ISBN | 978-89-5717-565-1
978-89-5717-564-4 (세트)
정 가 | 22,000원